KI- Grundlagen des maschinellen Lernens

Jon Adams

INHALT

EINFÜHRUNG

Willkommen bei „KI Grundlagen des Maschinellen Lernens", Ihrem umfassenden Leitfaden zum Puls der modernen Informatik und ihrer zukünftigen Entwicklung. Auf diesen Seiten werden Sie zu einer klärenden Entdeckungsreise durch den dynamischen und sich weiterentwickelnden Bereich des maschinellen Lernens eingeladen. Dieses Buch richtet sich an diejenigen, die die Mechanismen der KI entschlüsseln möchten, und an Pioniere, die sich danach sehnen, das Fundament zu verstehen, auf dem die Zukunft mit Leichtigkeit aufgebaut werden kann.

Begeben Sie sich auf eine Reise, die mit den Grundlagen des überwachten Lernens beginnt, bei dem Maschinen unter Anleitung von Daten mit bekannten Ergebnissen lernen. Entdecken Sie beim Eintauchen in das unbeaufsichtigte Lernen die Kunstfertigkeit der KI, die verborgene Muster ohne explizite Anweisung erkennt. Neuronale Netze warten darauf, ihre Komplexität zu enthüllen, indem sie das menschliche Gehirn simulieren, um Sprache, Bilder und ein Spektrum an Feinheiten in riesigen Datensätzen zu erkennen. Das Entscheidungsbaum-Paradigma verzweigt sich vor Ihnen und veranschaulicht die Prozesse, durch die Daten aufgeteilt und erobert werden.

Durch die Erzählung zieht sich ein Thema der Stärke in der Einheit, das durch Ensemble-Methoden veranschaulicht wird, die mehrere Modelle zusammenführen, um ihre einzelnen Schwächen zu überwinden und ihre Vorhersagekraft zu verstärken. Schauen Sie durch die Linse der Bewertung der Modellleistung und stellen Sie die Integrität und Relevanz von KI-Anwendungen sicher. Erleben Sie, wie maschinelles Lernen mutig in die reale Welt vordringt und die Branchenlandschaft

5

vom Gesundheitswesen bis zum Finanzwesen sowie die Art und Weise, wie wir mit Technologie interagieren, verändert.

Werfen Sie abschließend einen Blick in die Zukunft des maschinellen Lernens und nehmen Sie die beispiellosen Fortschritte an der Schwelle zur Realität vorweg. Während maschinelles Lernen zu einer allgegenwärtigen Kraft wird, ähnlich der Allgegenwart des Internets, entfalten sich seine Versprechen und Herausforderungen.

Dieses Buch dient nicht nur als Lehrbuch, sondern auch als Einführung in den Bereich, in dem Daten, Berechnungen und Potenzial zusammenlaufen. Hier liegt die Einladung, die sich entfaltende Geschichte der KI nicht nur zu verstehen, sondern auch daran teilzunehmen. Machen Sie sich bereit, maschinelles Lernen zu entmystifizieren und rüsten Sie sich mit den Erkenntnissen, um die aufregenden Fortschritte zu meistern, die Sie erwarten.

ÜBERWACHTES LERNEN VERSTEHEN

Willkommen in der faszinierenden Welt des maschinellen Lernens, einem Zweig der künstlichen Intelligenz, der die Art und Weise, wie wir jeden Tag mit Technologie interagieren, neu gestaltet. Stellen wir uns ein Computerprogramm vor, das lernen kann, Entscheidungen zu treffen und sich im Laufe der Zeit ähnlich wie wir zu verbessern, indem es einfach mit den richtigen Informationen gefüttert wird. Darum geht es beim überwachten Lernen. Es ist eine Methode, bei der Computer aus Daten lernen. Aber nicht irgendwelche Daten – diese Daten sind beschriftet, das heißt, sie tragen die dazugehörigen Antworten, wie der Schlüssel eines Lehrers zu einem Test.

Auf unserer Reise durch „Überwachtes Lernen verstehen" werden Sie entdecken, dass dieser Prozess dem Erlernen einer neuen Fähigkeit ähnelt, wobei Beispiele und Feedback den Weg weisen. Wir befassen uns mit der Funktionsweise von Algorithmen – Regelwerken, denen Computer folgen, um Daten zu sortieren, zu analysieren und Schlussfolgerungen daraus zu ziehen.

Denken Sie an das letzte Mal, als Sie einen Streaming- Dienst genutzt haben und dieser eine Sendung empfohlen hat, die Ihnen gefallen könnte, oder wie Ihre E-Mail Spam in einen separaten Ordner sortiert hat: Das ist betreutes Lernen in

7

Aktion. Es ist überall um uns herum und verfeinert und personalisiert unser digitales Erlebnis.

Im weiteren Verlauf des Kapitels werde ich Sie auf unkomplizierte und detaillierte Weise durch jeden Teil des Prozesses führen, um sicherzustellen, dass Sie ein umfassendes Verständnis dafür bekommen, wie alles zusammenpasst. Mein Ziel ist es, die Grundlagen des maschinellen Lernens klar, direkt und vor allem zugänglich zu beleuchten.

Ganz gleich, ob Sie mit dem Konzept noch nicht vertraut sind oder Ihr Wissen vertiefen möchten, ich stehe Ihnen als Leitfaden zur Seite. Wir werden uns gemeinsam durch die Komplexität kämpfen und sie in klare, verständliche Erkenntnisse umwandeln. Hier beginnt eine aufschlussreiche Erkundung des Herzens der KI. Willkommen an Bord!

Im Kern handelt es sich beim überwachten Lernen um eine Methode, mit der Computer lernen, Aufgaben zu erledigen, ähnlich wie ein Schüler ein Fach lernt. Es ist ein grundlegender Bestandteil der künstlichen Intelligenz, der einen großen Teil der intelligenten Technologie antreibt, die wir täglich nutzen. Haben Sie sich jemals gefragt, wie der Sprachassistent Ihres Smartphones Sie mit der Zeit besser verstehen kann? Oder woher weiß Ihre E-Mail, welche Nachrichten als Spam markiert werden sollen? Das ist überwachtes Lernen in Aktion.

Die Grundidee hier ist eigentlich ganz einfach. Wir geben die Computerbeispiele, viele, viele davon, alle ordentlich beschriftet. Stellen Sie sich das so vor, als würden Sie einem Kind ein Bild von einem Apfel zeigen und ihm sagen: „Das ist ein Apfel." Der Computer studiert wie ein fleißiger Schüler diese Beispiele und beginnt zu lernen, Muster zu erkennen.

Sobald es aus diesen gekennzeichneten Daten gelernt hat, kann es beginnen, selbst Vorhersagen zu treffen oder Entscheidungen zu treffen, wenn es mit neuen, ähnlichen Daten konfrontiert wird. Wenn also eine neue E-Mail eingeht, vergleicht Ihr E-Mail-Dienst diese mit den Erkenntnissen über Spam und Nicht-Spam und kategorisiert sie für Sie.

Im Wesentlichen bedeutet überwachtes Lernen, einer Maschine beizubringen, einige unserer eigenen Entscheidungsfähigkeiten nachzuahmen, indem wir Daten als Lehrmittel verwenden. Es handelt sich um eine robuste, zugrunde liegende Technik, die die intelligenten Systeme ermöglicht, die uns täglich dienen – und es ist erstaunlich, wie alles darauf hinausläuft, dass eine Maschine Hinweise aufnimmt und aus den von uns bereitgestellten Beispielen lernt .

Während wir uns den Details widmen, konzentrieren wir uns darauf, wie diese Maschinen Daten in Wissen umwandeln, indem wir die Schichten nacheinander aufdecken, um den faszinierenden Lernprozess zu offenbaren, der in diesen KI-Systemen abläuft. Machen wir uns bereit zu sehen, wie sich diese digitalen Gehirne von fast nichts wissenden zu intelligenten Assistenten in unserer Tasche und wachsamen Wächtern unserer Posteingänge entwickeln.

Lassen Sie uns auf die einzelnen Schritte und Komponenten eingehen, die überwachtes Lernen so wirkungsvoll machen. Stellen Sie sich betreutes Lernen wie einen Meisterkoch vor, der an der Perfektionierung eines Rezepts arbeitet. So wie ein Koch die besten Zutaten auswählt (Funktionsauswahl) und die Garzeit und -temperatur optimiert (Modellanpassung), verwenden überwachte Lernalgorithmen Datenfunktionen, um Vorhersagen zu treffen.

Bei der linearen Regression, einer der einfachsten Formen des überwachten Lernens, versucht der Computer, eine gerade Linie zu zeichnen (ja, wie Sie sie im Mathematikunterricht gemacht haben), die alle Datenpunkte in einem Diagramm am besten darstellt. Die „Best-Fit"-Linie wird unter Verwendung aller angegebenen Datenpunkte berechnet, wobei die Steigung der Linie (stellen Sie sich dies als den Winkel des Geschmacksprofils des Rezepts vor) und der Ort, an dem sie auf der Y-Achse beginnt (wie die anfängliche Temperatureinstellung bei unserem Chefkoch), angepasst werden Ofen). Dieser Prozess ist iterativ, was bedeutet, dass der Algorithmus immer wieder kleine Anpassungen vornimmt, um der „perfekten" Linie immer näher zu kommen und die Differenz zwischen dem vorhergesagten Wert und dem tatsächlichen Wert zu minimieren (ein Schritt, der als Minimierung der Verlustfunktion bezeichnet wird).

Entscheidungsbäume hingegen sind wie eine Reihe von Ja/Nein-Fragen, die die Daten in immer kleinere Teile aufteilen und jedes Mal die Antworten verwenden, um der richtigen Vorhersage näher zu kommen. Stellen Sie sich vor, Sie schneiden ein großes Stück Teig in immer kleinere Stücke, bis jedes Stück genau die richtige Größe für einen Keks hat. Diese kleineren Teile oder „Blätter" des Baumes stellen die Entscheidungsergebnisse dar.

Während der Trainingsphase lernen beide Algorithmen, indem sie ihre Vorhersagen mit den tatsächlichen Antworten (Labels) vergleichen. Stellen Sie sich vor, dass unser Koch das Gericht nach jeder Anpassung verkostet, um sicherzustellen, dass es genau richtig ist. Dieser Vorgang wiederholt sich über viele Zyklen und wird von Mal zu Mal präziser. Hier kommen Verlustfunktionen ins Spiel, die im Wesentlichen den Algorithmus danach bewerten, wie weit seine Vorhersagen entfernt sind, und die Anpassungen zur Verbesserung anleiten.

Aber wie stellen wir sicher, dass unser Koch nicht nur für einen wählerischen Esser gut kocht, sondern für alle, die ins Restaurant kommen? Hier kommen Kreuzvalidierungstechniken ins Spiel. Stellen Sie sich vor, Sie servieren verschiedenen Gruppen von Gästen Proben Ihres Gerichts, um Feedback zu erhalten. Wenn es allen gefällt, wissen Sie, dass Sie nicht nur mit einer Gruppe Glück haben; Du bist wirklich auf der Suche nach etwas Großartigem. Durch die Kreuzvalidierung wird sichergestellt, dass das Modell nicht nur mit den Daten, auf denen es trainiert wurde, eine gute Leistung erbringt, sondern auch mit neuen, noch nicht sichtbaren Daten genaue Vorhersagen treffen kann.

Die Parameterabstimmung ist wie die Feinabstimmung des Rezepts und die Anpassung der Gewürze und Gewürze, um den genau richtigen Geschmack zu erzielen. Beim überwachten Lernen geht es darum, die Parameter zu optimieren, die den Lernprozess steuern, um die Vorhersagen des Modells zu verbessern.

Wie Sie sehen, geht es in jedem Teil des Lernprozesses darum, sorgfältige Schritte zu unternehmen, um dem Computer beizubringen, Entscheidungen auf der Grundlage von Daten zu treffen. Es ist ein bisschen so, als würde man jemandem das Kochen beibringen: Sicher, es gibt viel zu lernen, aber wenn man erst einmal jeden Schritt verstanden hat und weiß, wie er zum fertigen Gericht beiträgt, ergibt alles sehr viel Sinn. Diese Liebe zum Detail und die Präzision ermöglichen es diesen Systemen, fundierte und fundierte Entscheidungen zu treffen, egal, ob sie vorschlagen, welchen Film Sie als Nächstes ansehen sollten, oder lästige Spam-E-Mails herausfiltern.

Beschriftete Daten im maschinellen Lernen sind für Schüler das, was Lehrbücher sind; Es ist der wesentliche Leitfaden, der dem Algorithmus sagt, was er lernen muss. Wenn wir über gekennzeichnete Daten sprechen, beziehen wir uns auf Informationen, die mit einem klaren, vordefinierten Tag versehen sind – einer Art Antwortschlüssel. Dabei kann es sich um Fotos handeln, die mit den Namen der darin enthaltenen Dateien versehen sind, um E-Mails, die als Spam oder Nicht-Spam markiert sind, oder um in Text umgewandelte Audiodateien.

Diese Bezeichnungen sind von entscheidender Bedeutung, da sie dem Lernalgorithmus etwas geben, auf das er abzielen kann. So wie ein Lehrer einen Schüler korrigiert, indem er ihm die richtigen Antworten zeigt, teilen beschriftete Daten dem Modell des maschinellen Lernens mit, wann es auf dem richtigen Weg ist und wann nicht. Jedes Datenelement fungiert als Beispiel, aus dem der Algorithmus lernen kann. Klarere Beschriftungen bedeuten besseres Lernen, genau wie klarere Anweisungen einem Schüler helfen können, ein Konzept besser zu verstehen.

Der Prozess ist einfach: Der Algorithmus nimmt die gekennzeichneten Daten auf, verarbeitet sie und versucht, Muster oder Regeln zu identifizieren, die die Eingaben mit ihren korrekten Bezeichnungen verknüpfen. Durch die Aufnahme immer mehr gekennzeichneter Daten wird dieser Abgleichsprozess mit der Zeit immer besser und der Ansatz wird mit jeder neuen Information verfeinert. Auf diese Weise baut das Modell des maschinellen Lernens eine Fülle an Wissen auf, das es dann auf neue Daten anwenden kann, die es noch nie zuvor gesehen hat, und dabei ganz von selbst die richtigen Bezeichnungen identifiziert.

Beschriftete Daten sind also nicht nur wichtig; es ist grundlegend. Ohne sie wüsste das Modell nicht, ob es die richtigen Entscheidungen trifft oder völlig daneben liegt. Mit einem guten Satz gekennzeichneter Daten können Lernalgorithmen Bemerkenswertes leisten und sich von digitalen Lernenden in digitale Experten verwandeln. Aus diesem Grund sind die Erstellung und Qualität gekennzeichneter Daten in der Welt des maschinellen Lernens so entscheidend – sie dienen als Sprungbrett für genaue, zuverlässige und intelligente Systeme, die menschliche Aktivitäten auf vielfältige Weise unterstützen und erweitern.

Die Erstellung und Nutzung gekennzeichneter Daten beim maschinellen Lernen ist ein kritischer Prozess, der mehrere sorgfältige Schritte durchläuft. Hier erfahren Sie Schritt für Schritt, wie es funktioniert.

Schritt 1: Beschaffung von Rohdaten
Zunächst sammeln wir Rohdaten, die von Bildern, Texten, Audiodateien bis hin zu Sensorwerten reichen können. Diese Datensammlung muss so vielfältig und repräsentativ wie möglich sein, um ein Modell zu erstellen, das in der realen Welt gut funktioniert.

Schritt 2: Beschriften der Daten
Als nächstes muss jedes Rohdatenstück mit der richtigen Bezeichnung versehen werden. Beispielsweise können Bilder von Tieren mit der Tierart gekennzeichnet werden. Dies kann durch Personen erfolgen, die die Daten durchgehen und manuell die richtigen Beschriftungen hinzufügen, oder mithilfe automatisierter Tools, die die Daten vorverarbeiten.

Schritt 3: Sicherstellung der Etikettenqualität
Die Qualität der Etiketten ist von größter Bedeutung, und hier müssen Probleme wie Klassenungleichgewicht und Inkonsistenz angegangen werden. Wenn es beispielsweise mehr Bilder mit der Bezeichnung „Katze" als „Hund" gibt, liegt ein Klassenungleichgewicht vor, das den Lernprozess verzerren könnte. Die Beschriftung muss konsistent und genau sein, damit das Modell richtig lernt.

Schritt 4: Datenanmerkungstools
Anmerkungstools helfen Menschen dabei, Daten effizienter zu kennzeichnen. Diese können von einfacher Software zum Kategorisieren von Bildern bis hin zu komplexeren Systemen zum Kommentieren subtilerer Aspekte wie Emotionen in Text oder Sprache reichen.

Schritt 5: Crowdsourcing von Etiketten
Manchmal werden Daten durch Crowdsourcing gekennzeichnet , wobei viele Mitwirkende, oft mit unterschiedlichem Hintergrund, dabei helfen, die Daten zu kennzeichnen. Dies kann die Vielfalt und Genauigkeit erhöhen, erfordert jedoch eine sorgfältige Koordination, um Konsistenz sicherzustellen.

Schritt 6: Validieren der gekennzeichneten Daten
Validierung ist der Schlüssel. Strategien wie die k-fache Kreuzvalidierung tragen dazu bei, sicherzustellen, dass der gekennzeichnete Datensatz robust ist. Dabei werden die Daten in verschiedene Teile aufgeteilt, einige für das Training und einige für die Validierung verwendet und diese Rollen dann rotiert, um Konsistenz und Genauigkeit zu testen.

Schritt 7: Etiketten durch Iteration verfeinern

Eine Beschriftung ist selten gleich beim ersten Mal perfekt. Oft sind mehrere Runden oder Iterationen erforderlich, um die Etiketten zu verfeinern. Dies ist ein fortlaufender Prozess der Optimierung und Validierung, um den Datensatz zu perfektionieren.

Schritt 8: Trainieren des Lernalgorithmus

Algorithmus zu trainieren . Das Modell des maschinellen Lernens lernt aus den gekennzeichneten Daten, versteht, was jede Bezeichnung bedeutet, und wendet dieses Wissen dann auf neue, unsichtbare Daten an.

Jeder Schritt in diesem Prozess ist entscheidend für die Entwicklung leistungsstarker Tools für maschinelles Lernen. Bei korrekter Umsetzung können gekennzeichnete Daten Algorithmen dabei unterstützen, Entscheidungen zu treffen, die erstaunlich genau und aufschlussreich sind, und so unsere Interaktionen mit Technologie verändern.

In der Welt des maschinellen Lernens besteht das Erlernen des Verstehens und Vorhersagens eines Modells aus zwei Schritten: Training und Testen. Diese beiden Phasen arbeiten zusammen, um nicht nur intelligente, sondern auch zuverlässige KI-Systeme aufzubauen, denen Sie vertrauen können, dass sie gute Entscheidungen treffen.

Beginnen wir mit der Schulung als unserem ersten Schritt. Stellen Sie sich vor, Sie bringen jemandem bei, verschiedene Obstsorten zu erkennen. Sie würden ihnen Äpfel, Orangen, Bananen usw. zeigen und dabei jedem einzelnen Namen einen Namen geben. Beim maschinellen Lernen machen wir während der Trainingsphase etwas Ähnliches: Wir füttern das Modell mit vielen Beispieldaten und bleiben bei unserer Fruchtanalogie und sagen: „Das ist ein Apfel, das ist eine Orange, das ist eine Banane." ‚' und so weiter. Das Modell lernt aus diesen gekennzeichneten Daten, genau wie unser Schüler lernt, jede Frucht zu erkennen.

Nun kommen wir zum Testen, unserem zweiten Schritt. Hier prüfen wir, ob unser Schüler selbständig und ohne Hilfe Früchte erkennen kann. Beim maschinellen Lernen nehmen wir neue Daten, die das Modell zuvor noch nicht gesehen hat, und prüfen, ob es sie richtig identifizieren kann. Erkennt es einen Apfel, wenn es einen sieht? Kann es eine Orange von einer Banane unterscheiden? Dadurch stellen wir sicher, dass unser Modell das Gelernte auf reale Situationen anwenden kann.

Sowohl die Trainings- als auch die Testphase sind von entscheidender Bedeutung. In der Trainingsphase erwirbt das Modell sein Wissen, während wir beim Testen sehen, wie gut es dieses Wissen nutzen kann. Wir brauchen das Modell nicht nur, um zu lernen, sondern auch, um seine Erkenntnisse anzupassen und anzuwenden, um in der Lage zu sein, Vorhersagen und Entscheidungen zu treffen, wenn wir es brauchen. Gemeinsam erstellen sie ein Modell für maschinelles Lernen, das für die Bewältigung realer Aufgaben geeignet ist – ein echter Test für künstliche Intelligenz.

Lassen Sie uns den komplizierten Tanz von Algorithmen und Techniken beim Training von Modellen für maschinelles Lernen näher erläutern. Im Mittelpunkt dieses Tanzes steht die Fähigkeit des Modells, seine internen Parameter anzupassen und diese als Drehregler und Knöpfe einer komplexen Maschine zu betrachten. Während das Modell mit Trainingsdaten gefüttert wird, optimiert es diese Regler durch Feedback, um bessere Vorhersagen zu treffen.

Ein wichtiger Faktor in diesem Prozess ist die Lernrate. Dies bestimmt, wie groß der Schritt ist, den das Modell beim Anpassen der Parameter ausführt. Zu groß, und die optimalen Einstellungen können überschritten werden; zu klein und der Lernprozess könnte zu lange dauern. Dann gibt es Merkmalsgewichtungen und -werte, die die Bedeutung jedes Merkmals angeben, das das Modell berücksichtigt. Die Anpassung dieser Gewichte gleicht einem Balanceakt, bei dem das Modell bestimmt, welche Merkmale für genaue Vorhersagen entscheidend sind.

ultimative Ziel des Modells während des Trainings besteht darin, Fehler zu minimieren und die Lücke zwischen seinen Vorhersagen und den tatsächlichen Ergebnissen zu verringern. Hier kommen Strategien wie der Gradientenabstieg ins Spiel. Stellen Sie sich ein Model als einen Wanderer vor, der versucht, den tiefsten Punkt in einem Tal zu finden, und der steilste Abstieg führt ihn den Hang hinunter. Beim Gradientenabstieg werden die Daten verwendet, um den steilsten Weg zum niedrigsten Fehler zu bestimmen.

Jetzt bewerten wir in der Testphase die Leistung des Modells anhand separater, unsichtbarer Daten. Wir prüfen, ob unser Modell genaue Vorhersagen treffen kann, ohne die Hand zu halten . Leistungsmetriken wie Genauigkeit sagen uns, wie viel Prozent der Vorhersagen richtig waren, während Präzision und Erinnerung uns helfen, die Qualität dieser richtigen Vorhersagen zu verstehen. Beispielsweise misst die Präzision, wie viele ausgewählte Elemente relevant sind, und die Erinnerung misst, wie viele relevante Elemente ausgewählt werden.

Diese Metriken leiten alle weiteren Anpassungen des Modells

17

zur Verbesserung seiner Leistung. Darüber hinaus verwenden wir Techniken wie die Kreuzvalidierung, bei der die Daten in Teile aufgeteilt werden und das Modell mehrmals trainiert und validiert wird, um sicherzustellen, dass das Modell die Trainingsdaten nicht speichert und nicht auf neue Daten verallgemeinert werden kann . Es ist wie bei einem Schüler, der sich nicht nur Antworten aus Lehrbüchern einprägt, sondern den Stoff wirklich versteht und neue Probleme angehen kann.

Jede Trainings- und Testkomponente ist ein entscheidender Teil des Puzzles zum Aufbau eines KI-Systems, das nicht nur intelligent, sondern auch zuverlässig, genau und bereit ist, in den unzähligen Situationen der realen Welt zu funktionieren.

Wenn wir die Welt des überwachten Lernens betreten, werden wir von einigen cleveren Algorithmen begrüßt, die ein bisschen wie die Zauberer des KI-Universums sind. Die lineare Regression ist hier unser erster Leitfaden; Sie können es sich als den zuverlässigen Kompass vorstellen, der den geradesten Weg zwischen Datenpunkten findet. Es ist ziemlich geschickt , anhand historischer Daten die Preise für Häuser oder die Temperaturen für die nächste Woche vorherzusagen.

Dann gibt es noch die Support Vector Machine (SVM), die eher einem Scharfschützen ähnelt. Es zieht sorgfältig die beste Grenze zwischen verschiedenen Datenkategorien. SVMs werden bei der Handschrifterkennung verwendet, wo sie zwischen verschiedenen Buchstaben und Zahlen unterscheiden, und sie werden sogar zur Klassifizierung von Genen in der Biologie verwendet.

Diese Algorithmen mögen komplex klingen, aber sie sind lediglich Werkzeuge, die uns helfen, Daten zu verstehen, indem sie Muster finden. Zu wissen, wie man sie nutzt, ist wie eine Supermacht, die riesige Datenmengen in umsetzbare Erkenntnisse umwandeln kann. Mit ihrer Hilfe können Maschinen Ärzten dabei helfen, Krankheiten zu diagnostizieren, Autos in die Lage zu versetzen, selbstständig zu fahren, und die Empfehlungen, die Sie auf Streaming-Diensten sehen, personalisieren, um sicherzustellen, dass Ihnen das, was Sie als Nächstes ansehen, mit hoher Wahrscheinlichkeit auch Spaß macht. Lassen Sie Ihrer Neugier den Weg weisen, während wir die Schichten dieser Algorithmen aufdecken, um die Magie darin zu enthüllen.

In der Welt des überwachten Lernens ist die lineare Regression ein echtes Arbeitstier, das für eine klare Aufgabe konzipiert ist: die Vorhersage einer Zahl auf der Grundlage anderer Zahlen. Stellen Sie sich vor, Sie notieren die Anzahl der Stunden, die Sie jeden Tag lernen, und die Ergebnisse, die Sie bei Tests erzielen. Die lineare Regression ist das Tool, mit dem Sie in diesen Stunden ziemlich genau vorhersagen können, wie hoch Ihr Quizergebnis sein könnte. Es funktioniert, indem Sie die möglichst gerade Linie finden, die durch Ihre gesamte Lernstunde verläuft, und Punkte in einem Quiz in einem Diagramm erzielen.

Diese Linie ist wirklich etwas Besonderes . Es ist so positioniert, dass es die durchschnittliche Quiz-Punktzahl markiert, die Sie für jede Anzahl an Lernstunden erwarten können, und zeigt Ihnen auch, wie stark der Zusammenhang zwischen Ihrer Lernzeit und Ihren Quiz-Ergebnissen ist. Können Sie viel bessere Ergebnisse erwarten, wenn Sie mehr Stunden investieren, oder nur ein bisschen besser? Die Zeile erzählt uns diese Geschichte.

Wie findet der Algorithmus heraus, wohin diese Linie führen

soll? Nun, es prüft, wo sich alle Punkte befinden, und passt dann die Linie weiter an – ein wenig nach oben, ein wenig nach unten, steiler oder flacher –, bis die beste Passform gefunden ist. Diese „Best-Fit"-Linie ist Ihr Vorhersagemodell. Wenn Sie mit diesem Modell das nächste Mal darüber nachdenken, wie viele Stunden Sie für das Lernen aufwenden sollen, könnten Sie es möglicherweise nutzen, um herauszufinden, wie es sich auf Ihre Ergebnisse auszahlen könnte.

Die lineare Regression spielt auch in vielen Bereichen über die Bildung hinaus eine herausragende Rolle, von der Wirtschaftswissenschaft bis zum Ingenieurwesen. Es geht darum, die Beziehungen zwischen Dingen aufzudecken und daraus Vorhersagen zu treffen, die uns bei verschiedenen Entscheidungen informieren, helfen und leiten können. Es ist ein einfaches, aber leistungsstarkes Tool, das Zahlen in eine Geschichte verwandelt, die wir verstehen und verwenden können.

Bei der linearen Regression wird eine gerade Linie durch eine Reihe von Datenpunkten gezogen, sodass der Gesamtabstand von jedem Punkt zu unserer Linie so gering wie möglich ist. Stellen Sie sich vor, Sie streuen ein Bündel Samen auf den Boden. Jetzt besteht Ihre Aufgabe darin, eine Schnur gerade zwischen ihnen zu spannen. Die Zeichenfolge stellt unsere Linie dar und geht nicht genau durch jeden Samen, aber wir möchten, dass sie so nah wie möglich an so vielen Samen wie möglich liegt.

Lassen Sie uns dies im Kontext eines linearen Regressionsalgorithmus durchgehen. Zuerst beginnt unser Algorithmus, die Steigung der Linie zu ermitteln, also wie steil sie nach oben oder unten neigt, wenn wir uns entlang der Linie bewegen. Anschließend berechnet der Algorithmus den Achsenabschnitt, also den Punkt, an dem die Linie die vertikale

Achse des Diagramms schneidet. Diese beiden Teile – die Steigung und der Achsenabschnitt – bestimmen vollständig die Position unserer Linie.

Der Korrelationskoeffizient sagt uns, wie eng sich unsere Datenpunkte um die von uns gezeichnete Linie gruppieren. Wenn dieser Koeffizient nahe bei 1 oder -1 liegt, bedeutet dies, dass die Punkte nahe an der Linie liegen, was auf eine starke Beziehung zwischen den Variablen hinweist. Liegt er bei etwa 0, sind die Punkte verteilt und die Beziehung ist schwach.

Nun zur Methode der kleinsten Quadrate: Auf diese Weise findet der Algorithmus die beste Steigung und den besten Achsenabschnitt für die Linie. Es quadriert den Abstand jedes Datenpunkts zur Linie und stellt so sicher, dass die Strafen für eine große Entfernung von der Linie größer sind als für eine Nähe zu der Linie, selbst wenn sie sich auf den gegenüberliegenden Seiten der Linie befinden. Dann summiert es alle diese quadrierten Abstände. Unser Ziel ist es, Steigung und Achsenabschnitt so anzupassen, dass diese Summe so klein wie möglich ist.

Lassen Sie uns abschließend über Residuen sprechen. Das sind die Unterschiede zwischen den Punkten und unserer Linie. Ein Residuum gibt an, wie weit Sie vertikal gehen müssen , um die Linie von einem Datenpunkt aus zu treffen. Wir schauen uns diese Residuen an, um zu verstehen, wie gut unser Modell funktioniert. Wenn die Residuen konstant groß sind, könnte das bedeuten, dass unsere Linie nicht sehr gut passt. In diesem Fall müssen wir möglicherweise überlegen, ob die Daten etwas Ungewöhnliches aufweisen oder ob wir möglicherweise ein komplexeres Modell benötigen.

Das ist also lineare Regression – die Umwandlung von Rohdaten in eine saubere, gerade Linie, die uns eine Geschichte über Beziehungen und Vorhersagen erzählt. Es ist eine brillante Mischung aus Einfachheit und Einsicht, die die scheinbar zufällige Ausbreitung von Datenpunkten in eine klare Richtung lenkt, die uns hilft, unsere Welt vorherzusagen und zu verstehen.

Stellen Sie sich vor, Sie sortieren Ihre E-Mails und haben zwei Stapel: einen für „Spam" und einen für „Kein Spam". Sie beäugen jedes Stück und treffen schnelle Entscheidungen auf der Grundlage dessen, was Sie sehen. Das ähnelt stark der Art und Weise, wie Support Vector Machines (SVMs) mit Daten umgehen. Sie sind eine Art überwachter Lernalgorithmus, was eine schicke Art zu sagen ist, dass sie wirklich gut darin sind , Dinge zu kategorisieren.

SVMs funktionieren, indem sie den größtmöglichen Abstand – oder die größtmögliche Lücke – zwischen diesen beiden Datenbergen finden. In unserem Post-Szenario ist es so, als ob Sie einen Streifen Niemandsland auf Ihrem Küchentisch auslegen würden, um sicherzustellen, dass sich Junk-Mail und wichtige Briefe nicht vermischen. Jede Seite dieses Streifens wird mit „Spam" oder „Kein Spam" gekennzeichnet, und der SVM ordnet neue E-Mails der richtigen Kategorie zu, indem er erkennt, auf welche Seite des Randes sie fallen, genau wie Sie E-Mails instinktiv sortieren .

Das eigentliche Schöne an SVMs ist die Art und Weise, wie sie mit den kniffligen Briefen umgehen, die nicht eindeutig Junk oder kritisch sind. SVMs nutzen für diese harten Entscheidungen sogenannte „Unterstützungsvektoren", die entscheidenden Poststücke, die sich am nächsten am Rande unseres Niemandslandes befinden. Dies sind wie die Randfälle in Ihrer Sortierung.

Durch die Analyse dieser Unterstützungsvektoren sind SVMs wirklich gut darin, schwierige Unterscheidungen zu treffen und zu verhindern, dass ein einzelner Spam-Brief, der in einem schicken Umschlag getarnt ist, in den „Kein Spam"-Stapel gelangt. Es ist diese Aufmerksamkeit für die Betrüger, die Ausreißer am Rande, die es SVMs ermöglicht, Daten präzise zu sortieren und sicherzustellen, dass nichts verloren geht. Sie sind wie eine wissenschaftlich verfeinerte Intuition, die sicherstellt, dass alles, was Sie lesen sollten, genau dort landet, wo Sie es sehen können.

Hier ist die Aufschlüsselung der Komponenten und Vorgänge von SVMs:

- Margenberechnung:
– SVMs zielen darauf ab, eine Linie (in zwei Dimensionen) oder eine Ebene (in drei oder mehr Dimensionen), bekannt als Hyperebene, zu finden, die verschiedene Klassen mit dem größtmöglichen Abstand trennt, der dem Abstand zwischen dem nächstgelegenen Datenpunkt jeder Klasse entspricht und die Hyperebene selbst.
- Stützvektoren sind die Datenpunkte, die der Hyperebene am nächsten liegen und zur Definition des Randes beitragen. Die Position der Hyperebene wird durch diese Unterstützungsvektoren beeinflusst, die im Wesentlichen die kritischen Elemente des Datensatzes sind.

- Kernel-Trick:
– Wenn Daten nicht linear trennbar sind, verwenden SVMs Kernel, die die Eingabedaten in einen höherdimensionalen Raum umwandeln, in dem eine Hyperebene zum Trennen der Daten verwendet werden kann.
- Zu den Kernel-Typen gehören:

- Linearer Kernel: Es ähnelt der einfachen, geradlinigen Trennung, die wir für linear trennbare Daten verwenden.
- Polynomkern: Er ermöglicht gekrümmte Linien im ursprünglichen Raum, die im höherdimensionalen Raum zu geraden Linien werden.
- Radiale Basisfunktion (RBF): Sie zeichnet komplexe Flächen im ursprünglichen Raum, um Klassen zu trennen, die im höherdimensionalen Raum zu Hyperebenen werden.

- Optimierungsprozess:
- Um die optimale Hyperebene zu finden, muss ein Optimierungsproblem gelöst werden, um eine Zielfunktion zu minimieren, die den Klassifizierungsfehler darstellt.
- Konzepte wie Lagrange-Multiplikatoren werden verwendet, um das Maximum oder Minimum einer Funktion zu ermitteln, die Einschränkungen unterliegt, die im Fall von SVMs mit dem Klassifizierungsfehler und der Randgröße zusammenhängen.
- Die konvexe Optimierung stellt sicher, dass der Optimierungsprozess zu einer einzigen globalen Lösung konvergiert, da es in einem konvexen Problem nur eine optimale Lösung gibt.

- Mehrklassenklassifizierung:
– Herkömmliche SVMs sind binäre Klassifikatoren, das heißt, sie sind natürlich für Datensätze mit zwei Klassen konzipiert. Um mehr als zwei Klassen zu verarbeiten (Mehrklassenklassifizierung), können verschiedene Techniken angewendet werden.
- Zu den Strategien gehören:
- Eins-gegen-Eins: Es erstellt binäre Klassifikatoren für jedes Klassenpaar und wählt die Klasse mit den meisten Stimmen zum Zeitpunkt der Vorhersage aus.
- Einer gegen alle: Für jede Klasse wird ein binärer Klassifikator erstellt, der diese Klasse von allen anderen trennt,

und der Klassifikator mit der höchsten Ausgabefunktion weist die Klasse zu.

Diese Komponenten arbeiten synchron, damit SVMs Daten genau klassifizieren und sowohl einfache als auch komplexere Szenarien bewältigen können. Wenn man versteht, wie die einzelnen Teile funktionieren, entmystifiziert man die Leistungsfähigkeit von SVMs und öffnet die Tür zu ihren vielseitigen Anwendungen in der Welt des maschinellen Lernens.

Denken Sie an ein Auto, das sich selbst über die Autobahn steuern kann, oder an eine Social-Media-Plattform, die Ihre Freunde auf Fotos sofort erkennt. Das sind keine Szenen aus einem Science-Fiction-Film; Sie sind reale Beispiele dafür, wie überwachtes Lernen seine Muskeln spielen lässt. Das Autopilotsystem von Tesla beispielsweise nutzt überwachtes Lernen, um die Straße zu verstehen und zu navigieren. Es ist, als wäre das Auto zur Fahrschule gegangen, hätte unzählige Bilder von Fahrspuren, Ampeln und Schildern studiert und nutzt dieses Wissen nun, um in Sekundenbruchteilen Fahrentscheidungen zu treffen.

Drüben in der Welt der sozialen Medien ist die Foto-Tagging-Funktion von Facebook ein Meisterstück des überwachten Lernens. Jedes Mal, wenn Sie einen Freund auf einem Bild markieren, erteilen Sie Facebook im Grunde eine kleine Lektion darüber, wer diese Person ist. Geben Sie genügend getaggte Fotos ein, und bevor Sie es merken, ist Facebook derjenige, der Ihnen Tags vorschlägt. Es lernt, die Gesichter Ihrer Freunde aus einem Meer von Selfies und Gruppenfotos so leicht zu erkennen, wie Sie sie vielleicht von der anderen Seite des Raums auf einer Party erkennen würden.

Diese Technologien zeigen uns, wie Systeme aus Beispielen lernen können, genauso wie sie lernen können, einen Freund in einer Menschenmenge zu erkennen oder eine vertraute Route nach Hause zu fahren. Es geht darum, das, was wir aus der Vergangenheit gelernt haben, zu nutzen, um uns in der Gegenwart zurechtzufinden und Aktivitäten, die sich einst wie die Zukunft anfühlten, zu einem Teil unserer Alltagserfahrung zu machen.

Lassen Sie uns näher erläutern, wie hochmoderne Systeme wie Teslas Autopilot und Facebooks Foto-Tagging überwachtes Lernen anwenden, um ihre beeindruckenden Leistungen zu erzielen. Bei beiden beginnt es mit der Datenerhebung. Die Fahrzeugflotte von Tesla sammelt Echtzeitdaten mithilfe von Kameras und Sensoren, die alles erkennen, von Straßenmarkierungen bis hin zu anderen Fahrzeugen und Hindernissen. Jeder erfasste Moment ist reich an Informationen, genau wie das Anfertigen von Notizen für jede Sekunde einer Fahrstunde.

Als nächstes folgt der Etikettierungsschritt. Erfahrene Ingenieure und im Fall von Facebook Milliarden von Benutzerinteraktionen markieren diese Daten und markieren Stoppschilder als Stoppschilder und die Gesichter von Freunden mit ihren Namen. Diese Etiketten verwandeln Rohdaten in Lehren für die Algorithmen und liefern klare Beispiele dafür, was jede Eingabe zu einer Art detaillierter Bedienungsanleitung auf der Grundlage realer Erfahrungen führen soll.

Im Training werden diese gekennzeichneten Daten in hochentwickelte Algorithmen eingespeist, die als Convolutional Neural Networks (CNNs) bekannt sind und sich besonders für die Analyse visueller Informationen eignen. So wie ein Koch

Zutaten schichtet, um komplexe Aromen zu kreieren, verarbeitet ein CNN Daten über mehrere Schichten hinweg, um Muster und Merkmale zu identifizieren – von einfach bis komplex. Es sind diese Muster, die die Erkennung ermöglichen, sei es von Verkehrsschildern für Tesla oder den Gesichtern von Freunden für Facebook.

Anschließend durchläuft das System von Tesla eine Phase des verstärkenden Lernens. Durch die Analyse von Fahrdaten und -ergebnissen im Laufe der Zeit werden kontinuierlich Anpassungen und Neubewertungen vorgenommen, ähnlich wie ein erfahrener Fahrer seine Intuition schärft.

Facebook verlässt sich außerdem auf kontinuierliches Feedback von Benutzer-Tags, um seine Fotoerkennungsmodelle zu verfeinern. Jedes Tag und jede Korrektur ist wie ein Quiz, das dem System hilft, zu lernen und sich zu verbessern.

Von Anfang bis Ende verkörpern diese Prozesse die Ausgereiftheit überwachter Lernsysteme in realen Anwendungen. Sie lernen aus gekennzeichneten Beispielen, verbessern kontinuierlich ihr „Verständnis" durch Verarbeitungsebenen und verfeinern ihre Antworten auf der Grundlage von Feedback, um sicherzustellen, dass sie ihre Arbeit mit jedem Tag besser machen.

Nehmen wir uns zum Abschluss dieses Kapitels einen Moment Zeit, um die unglaubliche Rolle zu würdigen, die überwachtes Lernen in unserem digitalen Leben spielt. Dabei handelt es sich nicht nur um ein abstraktes Konzept, das in wissenschaftlichen Arbeiten oder Laboren von Technologieunternehmen versteckt ist; Es ist ein wesentlicher

Teil der Technologie, mit der wir täglich interagieren. Jedes Mal, wenn Sie Ihr Telefon mit Ihrem Gesicht entsperren, eine Produktempfehlung von einem Online-Shop erhalten oder sogar Spam-E-Mails vermeiden, werden Sie Zeuge überwachten Lernens bei der Arbeit.

Hinter den Kulissen lernen Algorithmen kontinuierlich aus Daten, um Ihnen Komfort und Personalisierung zu ermöglichen. Sie sorgen dafür, dass Ihre Erfahrungen mit der Technologie reibungsloser, sicherer und intuitiver werden. Stellen Sie sich diese Algorithmen als fleißige Arbeiter vor, die sich ständig optimieren, um Ihnen besser zu dienen, und aus vergangenen Interaktionen lernen, um Ihre Bedürfnisse und Vorlieben zu antizipieren.

Wenn Sie also das nächste Mal sehen, dass ein Freund automatisch auf einem Social-Media-Foto markiert wird oder Ihr virtueller Assistent Ihren Sprachbefehl versteht, nehmen Sie sich einen Moment Zeit, um die unsichtbaren Fäden des überwachten Lernens zu erkennen, die diese Erfahrungen miteinander verbinden. Es ist ein Beweis dafür, wie weit wir gekommen sind, und ein Hinweis auf die spannende Richtung, in die wir uns mit der Entwicklung der KI bewegen.

Dieses Verständnis gilt nicht nur für Technikprofis; Es richtet sich an alle, die neugierig genug sind, sich umzuschauen und die Wunder zu entdecken, die überwachtes Lernen und KI in unser Leben bringen. Es ist eine Entdeckungsreise, und während Sie Ihren digitalen Tag verbringen, denken Sie daran, dass Sie Teil dieser großartigen Geschichte von Technologie und Innovation sind.

DIE MECHANISMEN DES UNBEAUFSICHTIGTEN LERNENS

Willkommen auf der faszinierenden Reise in die „Mechaniken des unüberwachten Lernens", bei der wir die Magie der künstlichen Intelligenz entdecken, wie sie Daten ohne jegliche Hilfe sortiert, organisiert und einen Sinn ergibt. Stellen Sie sich unbeaufsichtigtes Lernen als neugieriges Kind in einem Raum voller Spielzeug vor, das mühelos Muster findet und Ordnung schafft, ohne dass man ihm sagt, wie es geht. Dieser autonome Prozess hilft Maschinen dabei, komplexe Informationen zu verstehen, indem sie nach natürlichen Mustern suchen und selbstständig Schlussfolgerungen ziehen.

Hier ist keine Schritt-für-Schritt-Anleitung erforderlich. Stattdessen stützen sich diese Algorithmen auf die inhärente Struktur der Daten, um Erkenntnisse zu gewinnen, indem sie beispielsweise Gruppen ähnlicher Elemente bilden oder das Rauschen durchbrechen, um hervorzuheben, was wirklich wichtig ist. Es ist ein Beweis für die Leistungsfähigkeit der KI, dass sie lernen kann, das leise Flüstern bedeutender Trends in der Kakophonie der Daten zu erkennen.

Während wir dieses Kapitel durchgehen, erfahren Sie, wie diese intelligenten Algorithmen mit einem Maß an Unabhängigkeit funktionieren, das sowohl inspirierend als auch integraler Bestandteil der Technologie ist, mit der Sie täglich konfrontiert werden. Egal, ob Sie Ihre ersten Schritte in die Welt der KI machen oder Ihr Verständnis vertiefen möchten, dieses Kapitel führt Sie mit Klarheit, Einfachheit und einem Hauch von Staunen durch die bemerkenswerte Landschaft des unbeaufsichtigten Lernens.

Die heutigen unüberwachten Lernalgorithmen sind die unermüdlichen Pioniere der Datenwelt. Sie wagen sich ohne Karte in riesige Datensätze und suchen nach Mustern und Zusammenhängen, die nicht sofort offensichtlich sind. So wie Astronomen in die Tiefen des Weltraums blicken, um Sternhaufen zu identifizieren, analysieren diese Algorithmen Informationen, um die zugrunde liegende Struktur darin zu erkennen. In dieser Untersuchung werden wir uns mit dem Prozess befassen, mit dem diese Algorithmen durch unbekannte Daten navigieren, Gruppen entdecken, die gemeinsame Fäden haben, und komplizierte Details auf Kernkonzepte reduzieren. Auf diese Weise liefern sie uns klare Erkenntnisse aus einem ansonsten überwältigenden Haufen digitaler Informationen. Durch ihre Bemühungen legen sie das Grundgerüst der Komplexität offen und geben uns die Möglichkeit, die Daten, auf denen unsere Welt aufbaut, zu verstehen.

Lassen Sie uns näher auf die komplizierten Methoden eingehen, mit denen unüberwachte Lernalgorithmen Daten durchsuchen und verborgene Muster aufdecken. Der erste Schritt in diesem Prozess ähnelt dem Entfachen eines mächtigen Vakuums in einer riesigen Wüste, das alles aufsaugt, von Kieselsteinen bis zu Juwelen, da Algorithmen auf diese Weise rohe, unstrukturierte Daten aus der Welt um sie herum aufnehmen. Sobald sie diese Daten gesammelt haben, beginnt die eigentliche Arbeit.

Diese Algorithmen verhalten sich dann wie Töpfermeister und drehen den Rohton der Daten auf ihren Rädern. Sie pressen und formen es und wenden Clustering-Techniken an, um die Daten auf der Grundlage gemeinsamer Attribute in Gruppen zu unterteilen, ähnlich wie ein Töpfer aus demselben Erdklumpen verschiedene Gefäße formt. Sie suchen nach natürlichen Unterteilungen, unterscheiden und verwerfen die unerwünschten, lauten Teile, die in kein Muster passen. Diese sind wie die Steine und Ablagerungen in unserem Lehm, die entfernt werden müssen.

Aber manchmal ist der Datensatz zu komplex und zu verflochten, um allein durch Clustering einen Sinn zu ergeben. Hier verwenden unüberwachte Lernalgorithmen eine Dimensionsreduktion und durchschneiden die Daten, um die aussagekräftigsten Merkmale mit chirurgischer Präzision aufzudecken. Dies trägt dazu bei, die überwältigende Informationsflut in überschaubare, signifikante Ströme zu reduzieren und die Zusammenhänge und Strukturen hervorzuheben, die wirklich wichtig sind.

Während diese Algorithmen die Daten durchlaufen, ihre Schritte nachverfolgen und verfeinern, optimieren sie ihre Fähigkeit, Zusammenhänge zu erkennen. Mit jedem Durchgang werden sie besser darin, das Signal vom Rauschen zu trennen und die Datenteile zu finden, die auf aussagekräftige Weise übereinstimmen. Es ist nicht unähnlich einem Juwelier, der einen rohen Edelstein facettiert, und jeder Schliff muss überlegt und präzise sein, um die ihm innewohnende Schönheit Stück für Stück zum Vorschein zu bringen.

Jede algorithmische Komponente spielt in diesem Geflecht der Datenanalyse eine zentrale Rolle. Sie arbeiten gemeinsam daran, den Schleier über Daten zu lüften und sie von einer

Ansammlung einzelner Punkte in ein zusammenhängendes Geflecht zu verwandeln, das eine Geschichte erzählt und die wir verstehen und aus der wir auf eine Weise lernen können, die unser Wissen und unser Leben erweitert.

Beim unüberwachten Lernen ist Clustering die Methode, mit der Maschinen Datensätze auf der Grundlage ihrer Ähnlichkeit in Gruppen organisieren, ähnlich wie man ein Durcheinander von Münzen in Stapel sortiert. Stellen Sie sich vor, Sie werfen ein Sparschwein auf einen Tisch – zurück bleibt eine chaotische Mischung aus Pennies, Nickels, Dimes und Quarters. Stellen Sie sich vor, Sie hätten weder den Wert dieser Münzen noch ihre Namen erfahren. Ihre Aufgabe ist es, sie sinnvoll in Gruppen einzuteilen. Sie können mit der Gruppierung nach Größe, Farbe oder Design beginnen.

Dies ist im Wesentlichen das, was Clustering-Algorithmen mit Daten machen. Sie analysieren die Datenpunkte, untersuchen die Merkmale jedes einzelnen und beginnen intuitiv, sie nach gemeinsamen Merkmalen zu gruppieren. Dies können visuelle Qualitäten in Bildern, Wortverwendungsmuster in Texten oder Einkaufsverhalten in Verbraucherdaten sein. Die Algorithmen finden diese gemeinsamen Fäden und bilden daraus unterschiedliche Cluster, ähnlich Ihren Münzbergen. Jeder Cluster ist wie eine Kategorie, die die Maschine erstellt hat, ohne dass ihr jemals gesagt wird, was sie bedeutet, so wie Sie Münzen sortiert haben, ohne ihren Wert zu kennen.

Durch Clustering können diese KI-Systeme riesige Datenmengen verarbeiten, und wie eine Person, die sich im Laufe der Zeit mit verschiedenen Währungen vertraut macht, lernt die Maschine die nuancierten Unterschiede zwischen Datenpunkten und erstellt intelligente Gruppierungen, die aufschlussreich und wertvoll für die weitere Analyse und

Entscheidungsfindung sein können. Herstellung.

Beim unbeaufsichtigten Lernen sind K-Means und Hierarchical Clustering zwei weit verbreitete Algorithmen für das Clustering. Lassen Sie uns auf leicht verständliche Weise herausfinden, wie diese Methoden funktionieren.

Beginnend mit K-Means funktioniert es wie ein Sortierhut, der Datenpunkte in eine vorgegebene Anzahl von Clustern kategorisiert. Zunächst platziert der Algorithmus zufällig „Schwerpunkte", imaginäre Mittelpunkte, für jeden gewünschten Cluster. Anschließend ordnet es jeden Datenpunkt dem nächstgelegenen Schwerpunkt basierend auf der Entfernung zu, die oft durch etwas so Einfaches wie eine gerade Linie zwischen ihnen gemessen wird. Sobald alle Punkte zugewiesen sind, verschieben sich die Schwerpunkte in die Mitte ihrer Cluster. Dieser Vorgang wird wiederholt, wobei die Daten neu zugewiesen und die Schwerpunkte neu kalibriert werden, bis die beste Gruppierung erreicht ist, bei der das Verschieben der Schwerpunkte nicht zu einer Verringerung der Distanz führt, die die Punkte zu ihrem nächstgelegenen Schwerpunkt zurücklegen.

Beim hierarchischen Clustering hingegen werden Cluster Schritt für Schritt aufgebaut. Stellen Sie sich einen umgekehrten Stammbaum vor; Anstatt sich zu verzweigen, beginnt es bei jedem Einzelnen und vereint sie nach und nach auf der Grundlage ihrer Ähnlichkeit zu Familien. Bei dieser Methode muss die Anzahl der Cluster nicht im Voraus bekannt sein. Sie behandelt zunächst jeden Datenpunkt als Mini-Cluster und führt sie dann nach und nach auf der Grundlage von Abstandsmaßen wie der Höhe der Zweige zusammen, die zwei beliebige Datenpunkte in diesem Baum verbinden -artige Struktur. Während diese Mini-Cluster zusammenwachsen, beobachten wir die Bildung größerer Gruppen, bis ein einziger

Cluster übrig bleibt oder bis ein festgelegter Grenzwert erreicht ist.

Die Qualität jedes Clusters wird anhand von Metriken wie dem „Silhouetten-Score" bewertet, der misst, wie ähnlich ein Datenpunkt seinem eigenen Cluster im Vergleich zu anderen Clustern ist. Ein hoher Silhouettenwert deutet darauf hin, dass die Cluster gut getrennt und dicht sind, was typischerweise auf eine starke Clusteranordnung hinweist.

In der Praxis wird die Anzahl der Cluster für K-Means häufig ausgewählt, nachdem der Algorithmus mit unterschiedlichen Clusteranzahlen ausgeführt und dann die Anzahl ausgewählt wurde, die die praktischste oder interpretierbarste Lösung bietet. Beim hierarchischen Clustering erfordert die Entscheidung, wann die Kombination von Clustern beendet werden soll, eine sorgfältige Prüfung des Dendrogramms des Algorithmus, einer Art Diagramm, das die Anordnung der während des Prozesses erzeugten Cluster zeigt.

Durch diese Methoden können unüberwachte Lernalgorithmen einen komplexen und ungeordneten Datensatz in wohldefinierte Gruppen unterteilen. Diese Clusterbildung ist für die Datenanalyse und Mustererkennung unerlässlich und hilft uns, Strukturen in Informationsmeeren zu erkennen.

Im Datenbereich stehen wir oft vor der Herausforderung zu vieler Informationen. Techniken zur Dimensionsreduzierung wie die Hauptkomponentenanalyse (PCA) tragen dazu bei, diese Informationen zu vereinfachen, indem sie sich auf die wichtigsten Merkmale konzentrieren, ähnlich wie wenn man den Geist einer langen Geschichte in einem einprägsamen Einzeiler festhält. PCA sucht nach den stärksten Mustern in den Daten und den breiten Pinselstrichen, die die hervorstechendsten Teile des Bildes offenbaren.

Stellen Sie sich Daten als eine mehrfarbige Leinwand voller Details vor. PCA konzentriert sich auf die breiten Farbtöne, die dem Gemälde seine Identität verleihen, und ignoriert die feineren Details, die zwar interessant, aber für das Verständnis des Wesens des Bildes nicht unbedingt erforderlich sind. Dies wird dadurch erreicht, dass neue, weniger Variablen, sogenannte „Hauptkomponenten", gefunden werden, die die meisten aussagekräftigen Informationen enthalten. Optisch ist es so, als würden wir unsere Brille anpassen, bis nur noch die wichtigsten Elemente der Szene vor uns scharf abgebildet werden, sodass wir das Gesamtbild leichter verstehen können.

Die erste Hauptkomponente erfasst die größte Varianz oder Streuung in den Daten, jede weitere Komponente weniger und weist keine Korrelation zu den anderen auf. Durch diesen Prozess trägt PCA dazu bei, die Komplexität der Daten zu reduzieren und sicherzustellen, dass eine destillierte, aussagekräftige und aufschlussreiche Version übrig bleibt. Dadurch wird die Analyse nicht nur einfacher, sondern auch die Arbeit effizienter, da die Kernstränge beibehalten werden, die die Gesamtgeschichte der Daten verweben .

Die Hauptkomponentenanalyse (PCA) ist eine Technik, die dabei hilft, die Komplexität von Daten zu vereinfachen. Es mag entmutigend klingen, aber lassen Sie es uns aufschlüsseln:

- Beginnen Sie mit der Standardisierung des Datensatzes, um einen Mittelwert von Null und eine Varianz von Eins zu erhalten. Dies ähnelt dem Kalibrieren einer Waage vor dem Wiegen von Gegenständen, da so ein fairer Vergleich gewährleistet wird.

- Berechnen Sie als Nächstes die Kovarianzmatrix. Dies ist eine mathematische Methode, um zu verstehen, wie verschiedene Variablen in den Daten miteinander interagieren. Es ist, als würden wir nach Mustern in der Art und Weise suchen, wie verschiedene Instrumente in einer musikalischen Darbietung zusammenkommen, um zu sehen, ob sie dem gleichen Rhythmus folgen.

- Aus dieser Matrix berechnen wir die Eigenvektoren und Eigenwerte. Dies mögen wie komplexe Begriffe erscheinen, aber Sie können sich Eigenvektoren als die Richtungen vorstellen, entlang derer unsere Daten am stärksten variieren. Sie ähneln den Rillen, die einen über eine Oberfläche rollenden Ball leiten und ihm den Weg vorgeben, den er nimmt. Die Eigenwerte hingegen sagen uns, wie groß die Varianz der Daten entlang dieser Richtungen ist.

- Die Hauptkomponenten werden dann als Kombinationen der ursprünglichen Variablen der Daten gebildet. Jede Komponente stellt eine Richtung in den Daten dar, in der es erhebliche Schwankungen gibt. Die erste Hauptkomponente weist die höchste Varianz auf, die folgenden Komponenten weisen geringere Varianzen auf und so weiter.

- Indem wir eine Teilmenge dieser Hauptkomponenten auswählen, normalerweise diejenigen mit den größten zugehörigen Eigenwerten, reduzieren wir die Dimensionalität der Daten. Dieser Prozess ähnelt dem Extrahieren der Essenz eines Duftes. Man nimmt nur die Düfte, die sich am wirkungsvollsten verbinden, um das Ganze darzustellen.

- Abschließend interpretieren wir den von PCA erstellten

reduzierten Datensatz. Mit weniger Dimensionen können wir Daten einfacher analysieren, Muster finden und Vorhersagen treffen. Dieser Schritt ist wie das Lesen einer gekürzten Fassung eines langen Romans, der Ihnen immer noch die Tiefe der Geschichte vermittelt, ohne die Feinheiten der Nebenhandlungen.

Durch PCA sind wir in der Lage, einen Datensatz mit vielen Variablen zu vereinfachen und so etwas zu handhabender und aufschlussreicher zu machen, ohne die Kerninformationen zu verlieren, ähnlich wie wenn wir den Geist einer komplexen Erzählung in einer prägnanten Zusammenfassung festhalten.

So wie ein Koch sich Ihr Lieblingsgericht merken und es bei Ihrem nächsten Restaurantbesuch an Ihren Geschmack anpassen könnte, durchsuchen unbeaufsichtigte Lernalgorithmen in Streaming-Diensten Ihren Verlauf, um Filme, Shows oder Songs zu empfehlen, die den richtigen Ton treffen. Diese Algorithmen sind wie Küchengenies, die jeden herzhaften, süßen oder würzigen Geschmack, den Sie genossen haben, notieren und dieses Wissen nutzen, um ein personalisiertes Menü mit Streaming-Optionen zusammenzustellen, von denen sie glauben, dass sie Ihnen gefallen werden.

Denken Sie darüber nach, wie ein Koch ein Rezept verfeinert – eine Prise davon, eine Prise davon –, bis es genau das Richtige für Ihren Gaumen ist. Ähnliches machen Streaming-Dienste mit den digitalen Inhalten, die sie anbieten. Sie erkennen Muster in Ihren Seh- oder Hörgewohnheiten – die Genres, bei denen Sie verweilen, die Titel, die Sie immer wieder spielen – und schlagen dann neue Entscheidungen vor, die mit diesen Mustern übereinstimmen.

Das ist kein Zufall; Es ist ein sorgfältig ausgearbeiteter Prozess, der auf Algorithmen basiert, die lernen, was Ihnen Freude bereitet. Und so wie eine Mahlzeit Trost spenden oder neue Geschmackserlebnisse hervorbringen kann, zielen diese Empfehlungen darauf ab, Ihrer Stimmung zu entsprechen oder Ihnen ein neues Erlebnis zu bieten, und zwar alles basierend auf den subtilen Hinweisen, die Sie durch Ihre vorherigen Entscheidungen gegeben haben. In der datengesteuerten Küche des unbeaufsichtigten Lernens sind Ihre Vorlieben die Schlüsselzutaten für eine Reihe von Empfehlungen, die speziell auf Sie zugeschnitten sind.

Hier ist die Aufschlüsselung der Komponenten und Vorgänge unbeaufsichtigter Lernalgorithmen für Streaming-Service-Empfehlungen:

- Benutzerdatenanalyse:
- Zusammenstellung des Wiedergabeverlaufs, einschließlich häufig angesehener Genres, bevorzugter Schauspieler und Wiedergabezeiten.
- Untersuchung von Metadaten, die mit angesehenen Inhalten verknüpft sind, um Benutzerpräferenzen zu erkennen.

- Clustering:
– Gruppierung von Sendungen oder Filmen basierend auf Ähnlichkeit in Inhalt, Thema oder Benutzerverhalten.
- Erstellung von Clustern, bei denen jeder eine potenzielle Benutzerinteressenkategorie darstellt.

- Dimensionsreduktion:
- Reduzierung der Benutzerpräferenzen in einen niedrigerdimensionalen Raum, um Empfehlungsberechnungen

zu vereinfachen.
-   Identifizierung der Hauptkomponenten, die Benutzerpräferenzen am effektivsten widerspiegeln.

- Empfehlungsgenerierung:
- Anwendung von Clustering und Dimensionsreduktion auf die Interaktion des Benutzers mit dem Dienst.
- Erstellung einer Rangliste von Empfehlungen basierend auf der Ausrichtung auf Benutzerpräferenzvektoren.

- Verfeinerung durch Feedback:
- Überwachung von Benutzerinteraktionen, z. B. vollständig angesehene Episoden oder übersprungene Inhalte.
-   Kontinuierliche Weiterentwicklung des Empfehlungsmodells basierend auf fortlaufendem Benutzerfeedback.

- Anwendung von Modellen:
- Verwendung anderer unüberwachter Lerntechniken wie der Anomalieerkennung, um ungewöhnliche, aber potenziell wichtige Benutzerpräferenzen zu identifizieren.

- Ausgabebewertung:
- Messung der Empfehlungseffektivität anhand von Kennzahlen wie Klickraten und Wiedergabezeit.
- Anpassung der Algorithmen zur Verbesserung der Personalisierung und des Benutzerengagements.

Jede dieser Komponenten spielt eine entscheidende Rolle bei der Gestaltung der Algorithmen, die ein auf den Benutzer zugeschnittenes Unterhaltungserlebnis auf Streaming-Plattformen kuratieren. Sie arbeiten zusammen, um riesige

Datenbanken zu durchsuchen, individuelle Sehgewohnheiten zu erkennen und eine Auswahl an Inhalten zu präsentieren, die den persönlichen Geschmack widerspiegeln, sodass Benutzer problemlos neue Favoriten entdecken und geschätzte Klassiker noch einmal aufgreifen können.

Marie Curies bahnbrechende Forschung in der Chemie, die zur Entdeckung von Radium und Polonium führte, spiegelt die Suche unbeaufsichtigt lernender Algorithmen wider, versteckte Muster in einem Datenlabyrinth aufzudecken. So wie Curie sorgfältig unsichtbare Elemente aus Mineralerzen heraustrennte, durchsuchen unbeaufsichtigte Algorithmen das digitale Erz unserer Online-Aktivitäten, um wertvolle Erkenntnisse zu gewinnen. Ihr neugieriger Geist, der von einer Hypothese getrieben und dennoch offen für unerwartete Ergebnisse ist, spiegelt sich in der Art und Weise wider, wie diese Algorithmen auf der Suche nach einem Durchbruch durch Daten navigieren und Informationen ohne vordefinierte Etiketten zusammensetzen.

In ähnlicher Weise untersuchen die Algorithmen, die den Newsfeed von Facebook unterstützen und nach der Vision von Mark Zuckerberg entwickelt wurden, eine andere Art von Element des Benutzerinhalts und der Nutzerinteraktion. Sie sichten Beiträge und Reaktionen und gruppieren sie, um eine digitale Landschaft zu schaffen, die die Vorlieben und Verhaltensweisen jedes Benutzers widerspiegelt. Es ähnelt einem geselligen Beisammensein, bei dem Gespräche nach gemeinsamen Interessen gruppiert werden. Die Algorithmen von Zuckerberg orchestrieren diese virtuellen Räume, um die Verbindung und das Engagement der Benutzer aufrechtzuerhalten, ähnlich wie ein Gastgeber, der seine Gäste mit gleichgesinnten Begleitern bekannt macht, um tiefe, spannende Gespräche anzuregen. Diese Algorithmen lernen und entwickeln sich weiter, genau wie ein Gastgeber seine

Gästeliste im Laufe der Zeit verfeinert, um sicherzustellen, dass jedes Treffen besser ist als das letzte.

Lassen Sie uns die detaillierten Schritte der Mustererkennung und Clusterbildung beim unbeaufsichtigten Lernen näher erläutern, insbesondere deren Anwendung bei der Personalisierung von etwas wie einem Facebook-Newsfeed.

- Schritt 1: Datenerfassung
- Erfassen Sie Benutzerinteraktionen, einschließlich „Gefällt mir"-Angaben, Shares, Kommentare und die für verschiedene Beiträge aufgewendete Zeit.

- Schritt 2: Merkmalsextraktion
- Analysieren Sie den Inhalt, um Unterscheidungsmerkmale wie Schlüsselwörter, Hashtags, Bildelemente und mehr zu identifizieren.
- Übersetzen Sie diese Funktionen in ein Format, das von Algorithmen verarbeitet werden kann, z. B. numerische Vektoren.

- Schritt 3: Ähnlichkeitsmessung
- Berechnen Sie die Ähnlichkeit zwischen Inhaltselementen basierend auf extrahierten Merkmalen.
- Verwenden Sie Maße wie den euklidischen Abstand oder die Kosinusähnlichkeit, um numerisch zu quantifizieren, wie eng Inhaltselemente miteinander verbunden sind.

- Schritt 4: Clustering
- Gruppieren Sie ähnliche Elemente in Clustern mit Algorithmen wie k-means oder hierarchischem Clustering.
- Bestimmen Sie die optimale Anzahl von Clustern, indem

Sie die Kohärenz innerhalb der Cluster und die Trennung zwischen ihnen bewerten.

- Schritt 5: Optimierung und Iteration
- Kontinuierliche Verfeinerung des Clusterings durch Einbeziehung neuer Benutzerinteraktionsdaten und Anpassung der Gruppierung nach Bedarf.

- Schritt 6: Personalisierung
- Erstellen Sie einen maßgeschneiderten Newsfeed, indem Sie Inhalte aus Clustern anzeigen, die am besten zum Interaktionsverlauf eines einzelnen Benutzers passen.

- Schritt 7: Feedback-Schleife
- Überwachen Sie die Reaktionen der Benutzer auf den personalisierten Feed, z. B. mit welchen Elementen sie interagieren oder welche sie ignorieren.
- Nutzen Sie dieses Feedback, um den Feature-Extraktions- und Clustering-Prozess weiter zu verfeinern.

Durch diese Schritte funktionieren unüberwachte Lernalgorithmen ähnlich wie fleißige Bergleute, die Edelmetalle aus dem Gestein gewinnen und raffinieren und die wertvollen Erkenntnisse aus Bergen digitaler Rohdaten gewinnen. Auf diese Weise fungieren diese Algorithmen als Hosts, kuratieren eine personalisierte digitale Sammlung auf der Grundlage der Benutzerpräferenzen und passen sich ständig an , um sicherzustellen, dass die ansprechendsten und relevantesten Inhalte im Vordergrund präsentiert werden.

Unüberwachtes Lernen mag wie der stille Partner im Duo maschineller Lerntechniken erscheinen, seine Auswirkungen sind jedoch alles andere als leise. Nehmen Sie sich am Ende dieses Kapitels einen Moment Zeit, um über die unsichtbaren Fäden nachzudenken, die sich durch unsere digitalen Erfahrungen ziehen. Es ist die Kraft hinter Ihrem Social-Media-Newsfeed, die genau zu wissen scheint, was Ihre Aufmerksamkeit erregt, das Gehirn autonomer Autos, das die Straße interpretiert, und vieles mehr.

Diese Technologie protzt nicht mit lauten Ansagen; Vielmehr arbeitet es sorgfältig und verbessert kontinuierlich und nahtlos das Benutzererlebnis. Wie die Wurzeln eines Baumes sind sie unter der Oberfläche verborgen und dennoch entscheidend für das Wachstum und die Gesundheit des Waldes. Die Fähigkeit des unbeaufsichtigten Lernens, Feinheiten und Nuancen in Daten wahrzunehmen, ermöglicht es Technologien, sich auf komplexe Weise weiterzuentwickeln und mit jeder Interaktion aufschlussreicher und intuitiver zu werden.

Durch die Lektüre dieses Kapitels haben Sie einen Einblick in das enorme Potenzial und die stille, aber tiefgreifende Auswirkung unbeaufsichtigten Lernens auf unsere Welt erhalten. Stellen Sie sich unbeaufsichtigtes Lernen im weiteren Verlauf als einen allgegenwärtigen Verbündeten vor, der das digitale Terrain, auf dem wir uns jeden Tag bewegen, leise und doch kraftvoll bereichert.

EINTAUCHEN IN NEURONALE NETZE

Wir stehen jetzt am Anfang des Verständnisses neuronaler Netze, ein einladender erster Schritt in einen komplexen Bereich, der den Puls der modernen Technologie prägt. Stellen Sie sich beim Einstieg in „Eintauchen in neuronale Netze" vor, in ein komplexes, freundliches Universum einzutauchen, in dem jeder anspruchsvolle Begriff entwirrt und jedes entmutigende Konzept vereinfacht wird. In diesem Kapitel erhalten Sie einen tiefen Einblick in das Wesen neuronaler Netze und erläutern deren Struktur und Funktion so klar, dass Sie selbst die komplexesten Mechanismen mit Leichtigkeit verstehen.

Gemeinsam werden wir durch die scheinbar labyrinthische Welt der geschichteten Knoten und miteinander verbundenen Stränge gehen und beleuchten, wie diese Elemente zusammenarbeiten, um die bemerkenswerten Prozesse des menschlichen Gehirns nachzuahmen. Schritt für Schritt erforschen wir die Bedeutung neuronaler Netze in allen Bereichen, von alltäglichen digitalen Interaktionen bis hin zu bahnbrechenden autonomen Erfindungen. Mit einem Ton, der so zugänglich ist wie ein Gespräch mit einem Freund, möchten wir die Komplexität neuronaler Netze in klare, greifbare Ideen umwandeln, die Ihre Erfahrungen widerspiegeln und Ihr Verständnis erweitern.

Ganz gleich , ob Sie diese Gewässer zum ersten Mal befahren oder Ihr Wissen vertiefen möchten: Begeben Sie sich auf diese lehrreiche Reise mit einem Gefühl der Entdeckung und der Gewissheit, dass jedes Konzept zu einem Baustein für Ihr wachsendes Verständnis neuronaler Netze wird.

Neuronale Netze sind Wunderwerke der technischen Welt, vergleichbar mit komplizierten Leiterplatten, auf denen es vor Aktivität nur so wimmelt. Jedes „Neuron" in diesen Netzwerken verhält sich wie ein winziger Prozessor, ähnlich einem Stift auf einer Leiterplatte, und diese Neuronen sind wie ein ausgedehntes Labyrinth aus elektrischen Leitungen miteinander verbunden. In diesen Verbindungen geschieht die Magie, wenn Signale hin und her weitergeleitet werden. Diese Neuronen arbeiten zusammen, um die verschiedenen Eingaben zu verarbeiten, die sie empfangen, seien es Bildpixel, Schallvibrationen oder jede Art von numerischen Daten.

Ähnlich wie ein Elektriker den Stromfluss durch einen Stromkreis betrachtet, um eine Maschine anzutreiben, verwalten neuronale Netze den Informationsfluss durch ihre Schichten, um ein Ergebnis zu erzielen – das könnte ein in einem Bild identifiziertes Objekt sein, ein aus der Sprache erkanntes Wort, oder eine Entscheidung, die in einem Videospiel getroffen wurde. Jede Neuronenschicht leistet ihren Beitrag, indem sie die Daten Schritt für Schritt verarbeitet, die Signale verfeinert und weiterleitet, bis eine endgültige „Ausgabe" generiert wird.

Es handelt sich um ein lebendiges, atmendes System innerhalb einer Maschine, das vor virtueller Aktivität brummt und Daten in Entscheidungen und Erkenntnisse umwandelt. Diese Netzwerke sind ein Beweis für unsere Fortschritte bei der Schaffung künstlicher Intelligenz, die zwar nicht ganz mit unserem Gehirn identisch ist, aber vom Einfallsreichtum menschlichen Designs inspiriert ist. Sie stellen einen bedeutenden Schritt in unserem kontinuierlichen Bestreben dar, Systeme zu entwickeln, die nicht nur rechnen, sondern auch auf eine Weise „denken" und „lernen" können, die unsere Denkmuster widerspiegelt.

Neuronale Netze bestehen aus Schichten von Einheiten, die als Neuronen bezeichnet werden und zusammenarbeiten, um Daten zu verarbeiten und daraus zu lernen. So funktionieren sie:

- Eingabeneuronen empfangen Daten. Diese sind wie die Sinne des Netzwerks und nehmen Signale der Außenwelt in Form von Zahlenwerten auf.

- Versteckte Neuronen verarbeiten die Informationen . Sie führen Berechnungen anhand der empfangenen Eingaben durch und leiten Ausgabesignale an die nächste Schicht weiter. Stellen Sie sich sie als Arbeiter am Fließband vor, wobei jeder Arbeiter eine bestimmte Aufgabe an einem Gegenstand ausführt, bevor er ihn an das Fließband weitergibt.

- Ausgabeneuronen treffen die endgültige Entscheidung oder Vorhersage. Nachdem sie die verarbeiteten Eingaben von den versteckten Neuronen erhalten haben, erzeugen sie das Endergebnis des Netzwerks , sei es die Erkennung eines Gesichts auf einem Foto oder die Entscheidung über den nächsten Zug in einem Spiel.

Verbindungen zwischen diesen Neuronen, sogenannte Gewichte, sind entscheidend für die Lernfähigkeit des Netzwerks. Während des Trainings erstellt das Netzwerk anhand bekannter Daten eine Vorhersage und vergleicht diese dann mit dem tatsächlichen Ergebnis. Der Unterschied zwischen beiden wird als Fehler bezeichnet und das Netzwerk versucht, ihn durch einen als Lernen bezeichneten Prozess zu minimieren.

Beim Lernen geht es darum, kleine Anpassungen an den Gewichten vorzunehmen und die Verbindungen zu verfeinern, um den Fehler im Laufe der Zeit zu verringern. Hier kommen Konzepte wie Verlustfunktionen ins Spiel. Eine Verlustfunktion misst die Leistung des Netzwerks durch Quantifizierung des Fehlers.

Der Gradientenabstieg ist eine Strategie zur Minimierung des Verlusts. Dabei geht es um Infinitesimalrechnung, aber man kann es sich so vorstellen, als würde man einen Berg hinabfahren , um den tiefsten Punkt zu finden. Das Netzwerk optimiert die Gewichte schrittweise, Schritt für Schritt, und bewegt sich in Richtung des geringstmöglichen Fehlers.

Backpropagation ist die Methode, mit der Informationen über den Fehler über das Netzwerk zurückgesendet werden. Es ist, als ob jeder Arbeiter, nachdem er erfahren hatte, dass das Endprodukt fehlerhaft war, Feedback dazu erhalten hätte, wie sich seine spezielle Aufgabe auf das Ergebnis ausgewirkt hätte, und seine Arbeit entsprechend angepasst hätte.

Dieser Leitfaden vereinfacht die Funktionsweise des neuronalen Netzwerks und ermöglicht es, das komplexe und dynamische System Stück für Stück zu verstehen. Es ist nicht nur die Struktur der Neuronen wichtig, sondern auch der Prozess, durch den sie zusammenarbeiten und lernen und ihre kollektiven Aktionen verfeinern, um Daten zu interpretieren und fundierte Entscheidungen schnell und genau zu treffen.

In den lebenden Schaltkreisen eines neuronalen Netzwerks sind Aktivierungsfunktionen wie die Wächter an den Toren, die entscheiden, welche Signale wichtig genug sind, um durchgelassen zu werden. Stellen Sie sich jedes Neuron im Netzwerk als ein kleines Haus mit einem Ein-/Aus-Lichtschalter vor. Die Aktivierungsfunktion prüft die Stärke der eingehenden Signale, ähnlich wie jemand prüft, ob genügend natürliches Licht zum Lesen vorhanden ist. Wenn das Signal stark und hell genug ist, schaltet sich der Schalter ein und sendet einen Stromstoß an das nächste Neuron in der Reihe.

Diese Schalter kümmern sich nicht nur darum, ob das Licht ein- oder ausgeschaltet ist; Sie suchen nach der richtigen Helligkeit für die jeweilige Aufgabe. Ähnlich wie Dimmerschalter zu Hause, mit denen wir die Beleuchtung auf das perfekte Niveau für ein romantisches Abendessen oder eine Buchlesung einstellen können, passen Aktivierungsfunktionen die Ausgabe eines Neurons an und stellen so sicher, dass das Signal für den nächsten Schritt genau richtig ist Netzwerk.

Wenn wir den Stromfluss von einem Schalter zum nächsten verfolgen, beginnen wir, einen komplexen Tanz von Signalen mit einem Dominoeffekt zu beobachten, der das Netzwerk zu einer Entscheidung oder Vorhersage führt. Auf diese Weise denkt und lernt ein neuronales Netzwerk, wobei jede kleine Entscheidung in den Neuronenhäusern zum großen Ergebnis beiträgt. Durch diese sorgfältige Informationserfassung lernen neuronale Netze, Muster zu erkennen und Entscheidungen zu treffen, wobei sie wie eine Stadt in der Nacht aufleuchten, ein Schalter nach dem anderen.

Hier ist die Aufschlüsselung der verschiedenen Arten von Aktivierungsfunktionen innerhalb neuronaler Netze und der

Rollen, die sie spielen:

- Sigmoidfunktion:
- Charakteristik: Staucht Eingabewerte in einen Bereich zwischen 0 und 1.
auf einer Wahrscheinlichkeitsskala erfolgt, was für die binäre Klassifizierung nützlich sein kann.
- Typische Verwendung: Wird häufig in der Ausgabeschicht binärer neuronaler Klassifizierungsnetze verwendet.
- Auswirkung auf das Lernen: Anfällig für das Problem des verschwindenden Gradienten während der Fehler-Backpropagation, was das Lernen verlangsamen oder zu suboptimalem Lernen führen kann.

- Tanh-Funktion (Hyperbolischer Tangens):
- Charakteristisch: Passt Werte zwischen -1 und 1 an, zentriert um Null.
- Auswirkung: Besser als Sigmoid für verborgene Schichten, da der Mittelwert der Ausgabe um Null zentriert ist, was zu einem effizienteren Training führt.
- Typische Verwendung: Häufig in verborgenen Schichten neuronaler Netze.
- Auswirkung auf das Lernen: Kann wie das Sigmoid zu verschwindenden Farbverläufen führen, wird aber in verborgenen Schichten im Allgemeinen dem Sigmoid vorgezogen.

- ReLU-Funktion (Rectified Linear Unit):
- Charakteristik: Lässt nur positive Werte durch; Negative Werte werden auf Null gesetzt.
- Auswirkung: Bietet ein einfaches, recheneffizientes Modell der Feuerungs- und Nichtfeuerungsperiode eines Neurons.
- Typische Verwendung: Weit verbreitet in verborgenen Schichten tiefer neuronaler Netze.

- Auswirkung auf das Lernen: Beschleunigt die Konvergenz des stochastischen Gradientenabstiegs im Vergleich zu Sigmoid/Tanh-Funktionen; Dies kann jedoch zu einem sterbenden ReLU-Problem führen, bei dem einige Neuronen nur Null ausgeben.

Indem wir die einzelnen Funktionen und Auswirkungen dieser Aktivierungsmethoden verstehen, beginnen wir zu verstehen, wie neuronale Netze die komplexen Vorgänge des menschlichen Gehirns modellieren. Dabei handelt es sich nicht nur um mathematische Konstrukte, sondern um Systeme, die darauf ausgelegt sind, Daten intuitiv zu interpretieren und fundierte Entscheidungen zu treffen. Das macht sie zu einem so leistungsstarken Werkzeug im sich ständig erweiternden Bereich der künstlichen Intelligenz.

Backpropagation ist die Methode des neuronalen Netzwerks, aus seinen Fehlern zu lernen, ganz ähnlich wie ein Erfinder, der ein neues Gerät testet, feststellt, wo es nicht funktioniert, und dann wieder ans Zeichenbrett geht, um Verbesserungen vorzunehmen. Wenn einem neuronalen Netzwerk ein Problem gestellt wird, versucht es, die Antwort vorherzusagen. Manchmal, genau wie bei frühen Prototypen einer Erfindung, geht es schief. Aber jeder Fehler ist eine wertvolle Lektion.

So funktioniert es: Nachdem das Netzwerk eine Vorhersage getroffen und festgestellt hat, dass diese falsch ist, beginnt die Backpropagation. Dabei wirft das Netzwerk einen Blick auf den Fehler, den es gemacht hat, und geht seine Schichten durch, um herauszufinden, wo etwas schief gelaufen ist. Dann passt das neuronale Netzwerk die Stärken der Verbindungen an, ähnlich wie unser Erfinder Komponenten und Einstellungen optimiert.

Das Netzwerk tut dies, indem es berechnet, wie viel die Ausgabe jedes Neurons zum Fehler beigetragen hat, und subtil die Art und Weise ändert, wie sie aktiviert werden. Diese Änderungen werden so vorgenommen, dass das Netzwerk beim nächsten Mal hoffentlich etwas besser in der Lage sein wird, die richtige Antwort vorherzusagen. Im Laufe der Zeit wird das neuronale Netzwerk durch viele Iterationen dieses Prozesses immer genauer und optimiert seine internen Einstellungen für eine optimale Leistung.

Wenn wir also die Funktionsweise der Backpropagation genauer betrachten, können wir ihre Rolle als entscheidender Rückkopplungsmechanismus erkennen, der es neuronalen Netzen ermöglicht, sich von Anfängern zu Experten für ihre Aufgaben zu entwickeln. Es ist ein Eckpfeiler auf dem Weg der Transformation, der es Maschinen ermöglicht, zu lernen und sich anzupassen, und entscheidend für die kontinuierliche Innovation, die unser digitales Zeitalter vorantreibt.

Lassen Sie uns die genauen Mechanismen der Backpropagation innerhalb eines neuronalen Netzwerks näher erläutern. Backpropagation ist von zentraler Bedeutung für den Trainingsprozess und verfeinert die Fähigkeit des Netzwerks, genaue Ergebnisse vorherzusagen. Es beginnt mit dem Vorwärtsdurchlauf, der so ist, als würde das Netzwerk zunächst versuchen, ein Problem zu lösen. Daten werden in die Eingabeschicht eingespeist und durchlaufen dann verborgene Schichten, in denen jedes Neuron der Eingabe eine Gewichtung zuweist, die ihre Bedeutung angibt. Diese gewichteten Eingaben werden dann über eine Aktivierungsfunktion transformiert, die die Ausgabe des Neurons bestimmt.

Wenn die Daten die Ausgabeschicht erreichen, trifft das Netzwerk seine Vorhersage. Dies wird dann mit dem tatsächlichen Ergebnis verglichen, und die Differenz zwischen beiden ist der Fehler oder das Maß für die Vorhersagegenauigkeit des Netzwerks zu diesem Zeitpunkt.

Mit diesem Fehler beginnt die Reise der Backpropagation. Das Netzwerk zieht eine Bestandsaufnahme seines Fehlers, indem es Gradienten und Änderungsraten für jedes Gewicht im Netzwerk berechnet. Es ist ein bisschen so, als würde ein Navigator berechnen, wie weit er vom Kurs abweicht und wie er seine Peilung anpassen muss. Die Kettenregel der Analysis wird angewendet, um den Gradienten für jedes Gewicht basierend auf seinem Beitrag zum Gesamtfehler zu bestimmen.

Bei der Berechnung dieser Gradienten kommt die Lernrate ins Spiel. Stellen Sie sich die Lernrate als die Größe der Schritte vor, die das Netzwerk unternimmt, um sein Ziel mit dem geringstmöglichen Fehler zu erreichen. Ein zu kleiner Schritt (Lerngeschwindigkeit) und die Reise ist langsam; zu groß, und es könnte sein, dass das Ziel überschritten wird. Um einen stetigen und effektiven Fortschritt zu gewährleisten, ist ein feines Gleichgewicht erforderlich.

Bei jeder Iteration dieses Prozesses werden die Gewichte leicht angepasst, um den Fehler zu verringern und die Genauigkeit des Netzwerks Stück für Stück zu verbessern. Die Steigungen leiten diese Anpassungen in eine negative Richtung, um den Fehler schrittweise zu verringern.

Durch unzählige Iterationen stimmt der Lernprozess mittels Backpropagation die Gewichtungen und Voreingenommenheiten des neuronalen Netzwerks ab, bis die Vorhersagen genau mit der Realität übereinstimmen und die Finesse eines erfahrenen Handwerkers widerspiegeln, der seine

Arbeit bis zur Perfektion verfeinert. Dieser Weg von Rohdaten zu verfeinertem Wissen macht neuronale Netze zu einem leistungsstarken Werkzeug zur Lösung komplexer, mehrdimensionaler Probleme.

Lernende Algorithmen im Bereich der künstlichen Intelligenz ähneln den ausgeklügelten Navigationssystemen moderner Autos. So wie ein GPS-Gerät in Ihrem Fahrzeug Signale empfängt, um Ihren genauen Standort zu bestimmen und die beste Route zu Ihrem Ziel anzubieten, steuern lernende Algorithmen ein neuronales Netzwerk, indem sie die effizientesten Wege für die Datenweiterleitung berechnen und zu korrekten Vorhersagen führen. Diese Algorithmen passen sich ständig an und kalibrieren sich neu und berücksichtigen dabei neue Daten, vergleichbar mit der Art und Weise, wie die Navigation eines Autos die Route in Echtzeit aktualisiert, wenn es auf unerwarteten Verkehr oder Straßensperrungen stößt oder eine schnellere Route entdeckt.

Die Algorithmen beginnen mit einer Karte oder einer Modellarchitektur und zeichnen dann anhand der bereitgestellten Datenpunkte einen Kurs auf, ähnlich wie beim Setzen von Wegpunkten auf Ihrer Reise. Wenn sie auf ein Hindernis stoßen (ein Fehler in der Vorhersage), ändern sie die Route und optimieren interne Parameter wie Gewichte und Neigungen, um den vor ihnen liegenden Weg zu ebnen. Mit der Zeit und mit ausreichend Trainingsdaten können diese Algorithmen den kürzesten Weg zu genauen Vorhersagen finden, so wie Sie möglicherweise lernen, sich effizienter in einer Stadt zurechtzufinden, je länger Sie darin fahren.

Die Einfachheit und Anpassungsfähigkeit von Lernalgorithmen sind von entscheidender Bedeutung. Sie erstellen Routen, die nicht nur das Ziel erreichen, sondern auch die Reise optimieren. Das Verständnis dieses Prozesses ist von zentraler Bedeutung, um die transformative Wirkung von KI in unserer Welt zu erkennen, von der Erkennung von Gesichtern auf Fotos bis hin zur Vorhersage komplexer Muster in Wettersystemen.

Hier ist die Aufschlüsselung des Lernprozesses neuronaler Netze in klaren und leicht verständlichen Worten:

- Initialisierung der Netzwerkgewichte:
— Neuronale Netze beginnen mit einer Reihe von Anfangsgewichten, oft kleinen Zufallswerten, die wie die anfängliche Vermutung des Netzwerks zur Lösung des Problems sind.

- Vorwärtspass:
- Daten werden durch das Netzwerk geleitet und wandern von Eingabe- zu Ausgabeknoten.
- Jedes Neuron verarbeitet die Eingaben, die es empfängt, und gibt seine Ausgabe an die nächste Schicht weiter.

- Berechnung des Vorhersagefehlers:
— Eine Verlustfunktion misst, wie weit die Vorhersagen des Netzwerks von den tatsächlichen Werten entfernt sind.
— Dieser Fehler ist die wichtigste Rückmeldung, die dem Netzwerk mitteilt, wie weit seine Vorhersagen abweichen.

- Rückwärtspass (Backpropagation):
- Der Fehler wird über das Netzwerk zurückverfolgt.
— Das Netzwerk berechnet, wie viel jedes Gewicht zum Fehler beigetragen hat. Dieser Vorgang wird als Gradientenberechnung bezeichnet.

- Aktualisierung der Netzwerkgewichte:
- Das Netzwerk aktualisiert seine Gewichte in der Richtung, die den Fehler beim nächsten Mal am meisten reduziert, basierend auf den Gradienten.
- Die Lernrate bestimmt die Größe der Gewichtsanpassung, ähnlich wie die Entscheidung, wie groß der Schritt in Richtung eines Ziels sein soll.

- Iterative Optimierung:
– Dieser Prozess der Vorhersage, Berechnung von Fehlern und Aktualisierung von Gewichten wird viele Male wiederholt, wobei jeder Zyklus die Genauigkeit des Netzwerks verbessert.

- Verbesserte Vorhersagegenauigkeit:
- Mit der Zeit werden die Vorhersagen des Netzwerks genauer, da seine Gewichte fein abgestimmt werden.
- Das Netzwerk lernt, die richtigen Ergebnisse vorherzusagen, vergleichbar mit der Perfektionierung einer Fertigkeit durch Übung und Wiederholung.

Die systematischen Anpassungen, die diese Algorithmen nach jeder Vorhersage vornehmen, lehren das neuronale Netzwerk, hochpräzise Vorhersagen zu treffen, so wie Übung und Erfahrung eine Person dazu veranlassen, bessere Entscheidungen zu treffen. Dieser Lernzyklus ist von entscheidender Bedeutung und ermöglicht es neuronalen Netzen, als Gehirn unzähliger KI-Anwendungen zu dienen.

Stellen Sie sich vor, Sie sitzen am Steuer eines Autos und treffen im Bruchteil einer Sekunde Entscheidungen auf der Grundlage der Kurven und Wendungen der Straße, ähnlich wie ein Quarterback in einem Footballspiel, das Spielzüge angibt, während die Verteidigung wechselt. Hier kommt die selbstfahrende Technologie von Elon Musk ins Spiel, die neuronale Netze als Quarterback ihres Systems nutzt. Diese neuronalen Netze verarbeiten riesige Datenmengen von Kameras und Sensoren, ähnlich wie die Augen und Ohren eines Fahrers, um sicher zu navigieren. Sie können Stoppschilder, Fußgänger und andere Fahrzeuge in Echtzeit erkennen und darauf reagieren und Entscheidungen treffen, genau wie ein erfahrener Fahrer, nur mit der Geschwindigkeit und Genauigkeit eines Supercomputers.

In einem anderen digitalen Bereich nutzt LinkedIn neuronale Netze, um die Kunst des professionellen Networkings zu verbessern. So wie ein versierter Netzwerker Kollegen zusammenbringt, die davon profitieren könnten, sich gegenseitig zu kennen, durchsuchen die Algorithmen von LinkedIn Profile, Beiträge und Benutzerinteraktionen. Indem sie Muster bei beruflichen Interessen und Erfahrungen erkennen, empfehlen sie Kontakte, Jobs und Inhalte, die auf die Karriereziele jedes Benutzers zugeschnitten sind, und verwandeln die umfangreiche LinkedIn-Datenbank in eine personalisierte Roadmap für die berufliche Weiterentwicklung.

Beide Beispiele zeigen die Leistungsfähigkeit neuronaler Netze bei der Interpretation komplexer Datensätze, um Aufgaben auszuführen, die die menschliche Entscheidungsfindung nicht nur nachbilden, sondern diese oft sogar übertreffen, während sie gleichzeitig ihre Algorithmen kontinuierlich erlernen und verfeinern. Sie sind ein Beweis für die Fähigkeit des neuronalen Netzwerks, Informationen zu verarbeiten, Muster zu lernen, Prognosen zu erstellen und letztendlich Aktionen auszuführen, wodurch Sektoren vom Transport bis zur beruflichen Entwicklung verändert werden.

Lassen Sie uns die spezielle Architektur neuronaler Netze näher erläutern, wie sie für die hochrangige Funktionsweise selbstfahrender Autos und professioneller Netzwerkplattformen gilt. Im Fall der selbstfahrenden Technologie, wie sie in den Tesla-Fahrzeugen von Elon Musk zu sehen ist, dienen eine Reihe von Sensoren und Kameras als Input, die Live-Daten aus der Umgebung erfassen. Diese Daten, reich an visuellen und sensorischen Informationen über die Straße, werden in Convolutional Neural Networks (CNNs) eingespeist. Die CNNs verfügen über mehrere Schichten, die jeweils darauf ausgelegt sind, unterschiedliche Aspekte des Fahrszenarios zu identifizieren. Die erste Schicht könnte einfache Kanten und Linien aufnehmen, die nächste könnte Formen und Konturen erkennen und nachfolgende Schichten fügen nach und nach komplexere Merkmale wie Verkehrsschilder oder Fußgängerfiguren zusammen, was zu einem zusammengesetzten Verständnis der Fahrzeugumgebung führt.

Im LinkedIn-Empfehlungssystem erfasst das Netzwerk Benutzerinteraktionen, Beschäftigungshistorien, Fähigkeiten und Empfehlungen. Neuronale Netze analysieren diese Daten, um Muster und Gemeinsamkeiten zwischen Berufsprofilen zu finden. Sie können Benutzer nach Branche, Rolle oder Qualifikation gruppieren, um potenziell vorteilhafte Verbindungen oder Karrieremöglichkeiten zu empfehlen. Durch die wiederholte Auseinandersetzung mit Benutzerverhalten wie hergestellten oder ignorierten Verbindungen, beworbenen Stellen und interagierten Inhalten wird das System darauf trainiert, differenziertere Vorhersagen darüber zu treffen, was Benutzer für ihre berufliche Weiterentwicklung überzeugend oder vorteilhaft finden könnten.

Hinter jeder dieser Anwendungen steckt die Genialität

neuronaler Netze, die lernen und sich anpassen. Schichten innerhalb des Netzwerks sind auf unterschiedliche Aufgaben spezialisiert, und so wie ein Team zusammenarbeitet, um ein Projekt abzuschließen, arbeiten diese Schichten nacheinander, um Eingabedaten zu verarbeiten, sie in umsetzbare Informationen zu destillieren und Entscheidungen oder Empfehlungen auszugeben. Während Daten durch jede Schicht des Netzwerks fließen, werden sie transformiert und verfeinert, was zu einem neuronalen Netzwerk führt, das nicht nur kognitive Prozesse nachahmt, sondern auch seine Funktion iterativ verbessert und so eine verbesserte Entscheidungsfindung bei der Navigation für autonome Autos und bei der Kuratierung professioneller Inhalte für gewährleistet LinkedIn-Benutzer.

Lassen Sie uns zum Abschluss unserer Erforschung neuronaler Netze über die bemerkenswerten Leistungen nachdenken, die diese Strukturen vollbringen. Neuronale Netze sind nicht nur ein Triumph der Technik; Sie sind ein Fortschritt in der Art und Weise, wie wir mithilfe von Technologie mit der Welt interagieren. Wie die Wurzeln eines Baumes verbreiten neuronale Netze ihren Einfluss tief in den Boden verschiedener Branchen, vom Gesundheitswesen, wo sie Patientenergebnisse vorhersagen, bis hin zum Finanzwesen, wo sie Markttrends mit erstaunlicher Genauigkeit vorhersehen. Sie sind zu Architekten personalisierter Erlebnisse geworden, sei es, um Ihren morgendlichen Pendelverkehr zu vereinfachen oder Sie mit Ihrem nächsten Jobangebot zu verbinden.

Jedes Neuron, jede Verbindung innerhalb dieser Netzwerke spielt eine entscheidende Rolle und arbeitet harmonisch zusammen, um Rohdaten in sinnvolle Maßnahmen umzusetzen. Die wahre Schönheit neuronaler Netze liegt in ihrer Fähigkeit zu lernen, sich anzupassen und Erkenntnisse zu gewinnen, die früher unerreichbar waren. Sie haben Türen zu Innovationen geöffnet, die zuvor nur Science-Fiction-Visionen waren, wie Autos, die selbst fahren, und virtuelle Assistenten, die unsere Bedürfnisse und Wünsche verstehen.

Um die Auswirkungen neuronaler Netze zu erkennen, muss man sich nur die Geräte und Dienste ansehen, die unser Leben täglich bereichern. Sie sind das Herzstück der Apps, die uns leiten, der Maschinen, die uns dienen, und der Erfahrungen, die uns verbinden. Während diese Netzwerke weiter lernen und sich weiterentwickeln, versprechen sie nicht nur, die Zukunft der Technologie zu gestalten, sondern auch das Gefüge des modernen Lebens neu zu definieren. Lassen Sie uns einen Schritt zurücktreten und die stille, aber tiefgreifende Revolution würdigen, die neuronale Netze vorantreiben, und vielleicht sehen wir in der Technologie von heute einen Blick auf die Zukunft.

DAS ENTSCHEIDUNGSBAUM-
PARADIGMA

Auf unseren Reisen haben wir es nun in die faszinierende Welt der Entscheidungsbäume geschafft, einen Ort, an dem Daten zu Wissen werden und Fragen zu Klarheit führen. Hier lüften wir das Geheimnis, wie eine einfache Struktur, ähnlich einem Stammbaum, uns dabei helfen kann, umfangreiche und komplexe Informationen zu verstehen. Während wir dieses Kapitel durchgehen, werden wir langsam die Schichten der Komplexität aufdecken, um zu zeigen, wie Entscheidungsbäume funktionieren, Zweig für Zweig, um uns zu fundierten Entscheidungen zu führen. Ganz gleich, ob Sie mit einer Leidenschaft für das Lernen hier sind oder ein berufliches Bedürfnis haben, maschinelles Lernen zu verstehen, Sie werden feststellen, dass Entscheidungsbäume ein Eckpfeiler in diesem Bereich sind und klare Wege durch das Datendickicht bieten, das unsere digitale Landschaft definiert. Gehen wir also neugierig voran und sind bereit zu erkunden, wie diese Modelle zu wesentlichen Werkzeugen bei der Entwicklung der Vorhersagekraft moderner Technologie geworden sind.

Das Herzstück von Entscheidungsbäumen ist eine einfache, aber wirkungsvolle Idee: Daten zu verstehen, indem man den Weg von Fragen zu Antworten abbildet. Diese Bäume helfen uns, durch die Komplexität von Datensätzen zu navigieren, indem sie an jedem Verzweigungspunkt Fragen stellen. Durch diesen Prozess sortieren sie Daten in Kategorien, ähnlich wie Äpfel nach Farbe oder Autos nach Marke und Modell. Ihre gut organisierte Struktur ermöglicht es uns, klar zu erkennen, welche Faktoren zu welchen Schlussfolgerungen führen, und verwandelt so ein verworrenes Informationsnetz in klares, umsetzbares Wissen. Entscheidungsbäume zeichnen sich durch ihre Fähigkeit aus, die Entscheidungsfindung in überschaubare Schritte zu unterteilen, die in den Daten verborgenen Muster ans Licht zu bringen und uns in die Lage zu versetzen, Ergebnisse mit Zuversicht vorherzusagen. Unabhängig davon, ob Sie ein erfahrener Datenwissenschaftler sind oder gerade erst anfangen, ist das Verständnis von Entscheidungsbäumen wie das Finden eines Kompasses in der Wildnis – es hilft Ihnen dabei, fundierte, datengesteuerte Entscheidungen in einer Welt voller Informationen zu treffen.

Lassen Sie uns den sorgfältigen Prozess untersuchen, dem ein Entscheidungsbaumalgorithmus folgt, um Daten effektiv zu sortieren und vorherzusagen. Wir beginnen mit einem Datensatz – betrachten Sie eine Gruppe von Tieren, die wir anhand ihrer Eigenschaften klassifizieren möchten.

1. Funktionsauswahl:
- Der Entscheidungsbaum durchsucht alle im Datensatz verfügbaren Merkmale (Fragen). Dies könnten Merkmale wie „Hat es Federn?" sein. oder „ Schwimmt es ?".
– Für jedes Merkmal berücksichtigt der Baum jede mögliche Aufteilung, wodurch der Datensatz basierend auf den Antworten (Ja oder Nein) in verschiedene Zweige unterteilt wird.

2. Best-Split-Bestimmung:
- Um zu entscheiden, welche Teilung an jedem Knoten vorgenommen werden soll, berechnet der Baum, wie „rein"

jeder Zweig nach der Teilung sein wird – wir möchten, dass jeder Zweig so nah wie möglich daran ist, nur eine Tierklasse zu haben.

- Es verwendet Metriken wie Gini-Verunreinigung oder Entropie, um die Reinheit zu quantifizieren. Es wird die Aufteilung ausgewählt, die zu der deutlichsten Verringerung der Verunreinigung oder Entropie führt.

3. Bewertung der Datenreinheit:

- Die Gini-Verunreinigung misst die Wahrscheinlichkeit einer falschen Klassifizierung, wenn ein Etikett zufällig entsprechend der Verteilung in einer Branche ausgewählt wird. Je geringer die Gini-Verunreinigung, desto besser.

- Entropie hingegen misst den Grad der Unordnung oder Unvorhersehbarkeit. Unser Ziel ist es, die Entropie bei jeder Aufteilung zu reduzieren, um Ordnung und Sicherheit bei der Klassifizierung zu gewährleisten.

4. Zweigstellenerstellung:

– Wenn die beste Aufteilung gefunden ist, werden die Daten entsprechend aufgeteilt und dieser Vorgang wird für jeden Zweig wiederholt, bis die Daten so sauber wie möglich sortiert sind oder andere Stoppkriterien erfüllt sind, wie z. B. eine maximale Tiefe des Baums.

5. Praxisbeispiel:

- Stellen Sie sich vor, Sie sortieren Tiere in „Säugetiere" und „Vögel". Der Baum fragt vielleicht zuerst: „Hat er Federn?" Basierend auf den „Ja"- oder „Nein"-Antworten werden die Tiere in zwei Gruppen aufgeteilt, was zu einer deutlichen Steigerung der Reinheit führt (da Vögel Federn haben, Säugetiere jedoch nicht).

6. Iterative Verfeinerung:

- Der Baum stellt weiterhin Fragen und erstellt Zweige, bis die Tiere sauber kategorisiert sind oder eine weitere Verbesserung der Aufteilung nicht mehr möglich ist.

Durch die Kaskadierung dieser detaillierten Schritte nimmt der Entscheidungsbaum logische und berechnete Aufteilungen vor, die aus Daten abgeleitet werden, und verfeinert seine Struktur, um zuverlässige Vorhersagen auszugeben. Im professionellen Bereich bedeutet dies ein Finanztool, das Marktbewegungen mit hoher Wahrscheinlichkeit vorhersagt, oder ein Diagnosetool, das potenzielle Krankheiten anhand der Symptome genau unterscheiden kann.

Die Stärke von Entscheidungsbäumen liegt in ihrer Fähigkeit, komplizierte Datensätze in unkomplizierte, verständliche Entscheidungen umzuwandeln, sodass Experten aus verschiedenen Bereichen aus Rohdaten sinnvolle Schlussfolgerungen und Aktionspunkte ziehen können.

Ein Entscheidungsbaum ähnelt einem Baum in der Natur, dessen Teile zusammenarbeiten, um zu wachsen und zu gedeihen. An der Basis liegt die Wurzel, wo die Reise der Daten beginnt. Der Wurzelknoten stellt den gesamten Datensatz dar, bevor es zu Teilungen gekommen ist, wie das Fundament eines Hauses. Von dort erstrecken sich Zweige nach außen und bilden interne Knoten, die jeweils eine Entscheidung auf der Grundlage eines einzelnen Attributs darstellen, ähnlich den Fluren in unserem Haus, die zu verschiedenen Räumen führen. Diese Entscheidungen leiten die Daten an die eine oder andere Filiale weiter, so wie jemand aufgrund seiner Suche den Raum wählt, den er betreten möchte.

Während wir den Baum hinuntergehen, entstehen weitere Zweige, wodurch die Daten weiter in reinere Teilmengen segmentiert werden. Mithilfe dieser Zweige kann der Baum weitere Fragen stellen und die Klassifizierung des Datensatzes mit jeder Teilung verfeinern. Schließlich erreichen wir die Blätter des Baumes, die letzten Knoten, die sich nicht weiter teilen. Dies sind die endgültigen Entscheidungen, ähnlich wie die Suche nach dem genauen Raum, den Sie benötigen, sei es die Küche zum Essen oder das Schlafzimmer zum Ausruhen.

Auf jedem Blatt finden wir das vorhergesagte Ergebnis, das eine Klassifizierung oder eine Entscheidung basierend auf den Daten sein kann, die diesen bestimmten Pfad entlang geflossen sind. Das Schöne an einem Entscheidungsbaum ist, dass es sich um eine Reihe einfacher, verständlicher Entscheidungen handelt, die in Kombination Daten auf bemerkenswert komplexe Weise analysieren können. Es basiert nicht auf schwer verständlichen Berechnungen, sondern auf einer Reihe von Ja-oder-Nein-Fragen, die zu einer eindeutigen Schlussfolgerung führen und es uns ermöglichen, die Daten, die durch seine Zweige fließen, zu verstehen.

: Hier ist die Aufschlüsselung des sorgfältigen Prozesses, den Entscheidungsbäume verwenden, um Daten in sinnvolle Schlussfolgerungen zu verzweigen.

- Erste Datenbewertung am Wurzelknoten:
– Der Wurzelknoten untersucht den gesamten Datensatz und sucht nach Mustern oder Chaos innerhalb der Daten.
- Um zu quantifizieren, wie gemischt die Klassen in den Daten sind, werden Maße wie die Entropie, der Grad der Unordnung oder die Gini-Verunreinigung verwendet, bei der es sich um die Wahrscheinlichkeit einer Fehlklassifizierung eines zufälligen Elements aus der Menge handelt.

- Auswahl der besten Funktion für die Aufteilung:
- Der Entscheidungsbaum bewertet jedes Merkmal (Frage), indem er seinen Informationsgewinn oder die erwartete Verringerung der Verunreinigung berechnet, die dieses Merkmal beitragen würde, wenn der Datensatz auf dieser Grundlage aufgeteilt würde.
- Merkmale mit höherem Informationsgewinn oder größerer Verunreinigungsreduzierung werden priorisiert, da sie eine klarere Unterscheidung zwischen Klassen ermöglichen.

- Bestimmung des Schwellenwerts für die Aufteilung:
– Für numerische Merkmale testet der Baum verschiedene Schwellenwerte, um zu sehen, wo die Daten am effektivsten aufgeteilt werden können, und trennt sie anhand numerischer Bereiche.
– Bei kategorialen Merkmalen untersucht der Baum, wie die Daten verzweigt werden, indem er sie kategorisch unterteilt, beispielsweise nach Art oder Farbe.

- Wiederholen der Auswertung an jedem Knoten:
- Jeder interne Knoten durchläuft diese Bewertung, wobei aus den verbleibenden das beste Merkmal ausgewählt und über weitere Aufteilungen entschieden wird.
– Der Prozess wird fortgesetzt, bis Stoppbedingungen erfüllt sind, z. B. alle Daten an einem Knoten, der derselben Klasse angehört, oder eine vordefinierte Tiefe des Baums erreicht ist.

- Schritt-für-Schritt-Beispiel einer Entscheidung:
- Angenommen, wir möchten ein Tier entweder als Säugetier oder als Reptil klassifizieren.
- Der Entscheidungsbaum könnte zunächst fragen: „Ist das Tier warmblütig?" und die Daten basierend auf den Ja- oder Nein-Antworten aufteilen.
- Wenn das nächstbeste Merkmal „Bibt das Tier

Lebendgebärende?" lautet, teilen sich die Zweige weiter auf, was zu einer Schlussfolgerung (Blatt) führt, die basierend auf den im Datensatz erkannten Mustern entweder mit Säugetieren oder Reptilien übereinstimmt.

Wenn man diese Schritte versteht, kann man sehen, wie ein Entscheidungsbaum komplexe Datensätze in organisierte, interpretierbare Entscheidungen umwandelt. Diese sorgfältige Schichtung von Entscheidungen verwandelt Rohdaten in aufschlussreiches, umsetzbares Wissen – ein Spiegelbild des Expertenwissens, das man bei fundierten Entscheidungen im wirklichen Leben benötigen könnte.

Die Erweiterung eines Entscheidungsbaums erfordert sorgfältige Überlegungen, ähnlich wie ein Gärtnermeister die Entscheidung trifft, wo er einen Baum beschneidet, um ein fruchtbares Wachstum zu fördern. Der Prozess beginnt mit dem Stellen einer Reihe von „Was-wäre-wenn"-Fragen zum vorliegenden Datensatz. Jede Frage ist darauf ausgelegt, die Daten in möglichst informative Zweige aufzuteilen. Stellen Sie sich vor, wir haben einen Obstkorb und möchten ihn sortieren. Wir könnten fragen: „Ist die Frucht größer als ein Tennisball?" um die Äpfel von den Erdbeeren zu trennen.

Bei jeder Frage werden die Daten aufgeteilt und bilden Zweige des Baums. Das Ziel besteht darin, Zweige zu erstellen, in denen die Antworten (Datenpunkte) einander so ähnlich wie möglich sind, sich aber gleichzeitig von den Antworten in anderen Zweigen unterscheiden. Es ist so, als würden sich die Gäste auf einer Party nach ihren Interessen in verschiedene Räume einteilen – in einem Raum sind Sportbegeisterte und in einem anderen sind Buchliebhaber.

Die Auswahl der besten Fragen oder Features basiert auf Berechnungen, etwa welche Aufteilung die Reinheit der Zweige am meisten erhöht. Einfacher ausgedrückt ist es so, als würde man Fragen stellen, die uns die klarsten „Ja"- oder „Nein"-Gruppen liefern. Dieser Prozess wird fortgesetzt, wobei jeder Zweig das Potenzial für weitere Fragen und Aufteilungen bietet, bis die Daten in klaren Gruppen organisiert sind oder wir alle Fragen gestellt haben, die wir können. Am Ende dieses Prozesses, genau wie am Ende unserer Party, befindet sich jeder im besten Raum für seine Interessen und unsere Daten sind übersichtlich nach klaren, definierenden Merkmalen organisiert.

Lassen Sie uns näher auf die sorgfältigen Berechnungen eingehen, die Entscheidungsbäume durchführen, um Features auszuwählen und über die beste Art der Datenaufteilung zu entscheiden. Der Informationsgewinn ist hier ein Schlüsselkonzept, da er die Änderung der Entropie oder Gini-Verunreinigung vor und nach der Aufteilung eines Datensatzes auf ein Feature misst. Genauer gesagt quantifiziert es die Verbesserung der Homogenität der Zielvariablen innerhalb der durch die Aufteilung erstellten Teilmengen.

Hier ist ein detaillierter Blick darauf, wie das funktioniert:

- Der Entscheidungsbaum berechnet zunächst die Entropie oder Gini-Verunreinigung des gesamten Datensatzes, der als Basislinie dient. Die Entropie misst den Grad der Unvorhersehbarkeit oder Unordnung im Datensatz, während die Gini-Verunreinigung die Häufigkeit misst, mit der ein Element des Datensatzes falsch beschriftet wird, wenn es entsprechend der Klassenverteilung im Datensatz zufällig beschriftet wurde.

– Für jedes Feature simuliert der Entscheidungsbaum dann,

was passieren würde, wenn der Datensatz basierend auf diesem Feature aufgeteilt würde. Es berechnet, wie viel Entropie oder Gini-Verunreinigung gegenüber der Grundlinie reduziert werden würde. Diese Reduzierung ist der Informationsgewinn der Funktion.

– Mit diesen Informationen vergleicht der Baum den potenziellen Informationsgewinn aller Merkmale und wählt das Merkmal mit dem höchsten Wert für die Aufteilung aus, da dies sicherstellt, dass die Daten auf möglichst „saubere" Weise aufgeteilt werden und die Homogenität der Teilmengen erhöht wird.

- Für kontinuierliche Variablen untersucht der Entscheidungsbaum verschiedene Schwellenwerte und ermittelt den besten Schnittpunkt, der den Informationsgewinn maximiert. Kategoriale Variablen hingegen führen oft zu mehrteiligen Aufteilungen, bei denen jede Kategorie einen neuen Zweig bildet.

– Der gesamte Prozess wird am nächsten Knoten mit den verbleibenden Merkmalen wiederholt, bis die Daten vollständig in verschiedene und reine Zweige segmentiert sind und im Idealfall jeder Zweig eine einzelne Klasse oder ein klares Entscheidungsergebnis darstellt.

Entscheidungsbäume arbeiten durchgehend mit der Präzision eines erfahrenen Handwerkers, indem sie die Daten sorgfältig ausmeißeln und unterteilen, bis sie Stück für Stück ihre grundlegendsten Wahrheiten offenbaren. Durch die Umwandlung von Daten in einfache Ja- und Nein-Pfade tragen Entscheidungsbäume dazu bei, den Nebel komplexer Entscheidungen zu beseitigen und bieten Zugang zu tiefgreifenden und sofort umsetzbaren Erkenntnissen.

Stellen Sie sich vor, Sie stehen vor dem Dilemma, den perfekten Film für einen entspannten Samstagabend auszuwählen. Dieses häufige Szenario ähnelt überraschenderweise der Art und Weise, wie ein Entscheidungsbaum Informationen verarbeitet. Sie beginnen mit einer allgemeinen Frage, die Ihre Möglichkeiten einschränkt: „Möchte ich etwas Unbeschwertes oder Ernstes?" Basierend auf Ihrer Stimmung erstellen Sie zwei Zweige der Möglichkeit. Wenn Sie „unbeschwert" wählen, lautet Ihre nächste Frage möglicherweise „Komödie oder Abenteuer?" Jede Frage ist wie ein Ast im Baum, der Sie der idealen Wahl näher bringt, indem er Optionen herausfiltert, die nicht Ihren Wünschen entsprechen.

Während die verzweigten Fragen fortgesetzt werden, werden Ihre Auswahlmöglichkeiten immer enger, bis Sie die „Blätter" und die endgültigen Optionen erreichen, die allen von Ihnen ausgewählten Kriterien entsprechen, ähnlich wie das Ende eines Flussdiagramms, das mit einer einzelnen Abfrage beginnt. Entscheidungsbäume beim maschinellen Lernen funktionieren genau auf diese Weise. Sie stellen eine Reihe klarer und gezielter Fragen zu den Daten, die jeweils darauf ausgelegt sind, den Datensatz in immer spezifischere Segmente aufzuteilen, ähnlich wie Sie Ihre Filmgenres auf das Genre eingrenzen, das Ihren aktuellen Vorlieben entspricht. Wenn Sie die letzte Frage erreichen, verfügen Sie über eine kuratierte Liste von Filmen, die Ihren Kriterien entsprechen, und der Entscheidungsbaum verfügt über einen gefilterten Satz von Datenpunkten oder eine klare Vorhersage. Das ist die Stärke von Entscheidungsbäumen: Sie bringen Ordnung und Klarheit in den komplexen Prozess der Entscheidungsfindung, sei es für einen Filmabend oder für die Analyse komplexer Datensätze.

Durch einen Entscheidungsbaum zu gehen ist so, als würde

69

man einer Karte über eine Reihe von Kreuzungen folgen, wobei jede Abzweigung durch Ihre Antworten auf einfache Fragen bestimmt wird. Beginnend an der Wurzel des Baums werden Sie mit der ersten Frage konfrontiert, die Ihren wichtigsten Entscheidungspunkt darstellt. Es könnte etwas so Allgemeines sein wie „Ist der Artikel essbar?" Wenn Ihre Antwort „Ja" ist, wandern Sie einen Zweig hinunter; „Nein" schickt dich erneut nach unten.

Jeder Zweig führt dann zu einer anderen Frage, einem genaueren Entscheidungspunkt. Wenn wir beispielsweise Gegenstände sortieren und bereits festgestellt haben, dass der Gegenstand essbar ist, könnte die nächste Frage lauten: „Ist es eine Frucht?" Dadurch wird Ihr Weg effektiv gesteuert und Sie können „essbar" auf bestimmte Arten eingrenzen.

An jedem Knotenpunkt bestimmen Ihre Antworten den Weg, bis Sie die Blätter erreichen. Hier haben Sie das Endergebnis : eine endgültige Kategorie oder Antwort basierend auf den von Ihnen bereitgestellten kumulativen Antworten, die die Vorhersage des Baums offenlegt.

Das Schöne liegt in der methodischen Art und Weise, wie der Baum Sie führt und sicherstellt, dass es bei jedem Blatt ein klares Ergebnis gibt, das auf die einzigartige Reise zugeschnitten ist, die Sie auf seinen Zweigen unternommen haben. Diese schrittweise Entscheidungsfindung spiegelt die zielgerichtete Gestaltung von Entscheidungsbäumen und die Eignung zur Lösung von Unsicherheiten wider und hilft uns, klar definierte Lösungen zu finden.

Hier ist die Aufschlüsselung des schrittweisen Berechnungsprozesses zum Aufbau eines Entscheidungsbaums:

- Funktionsauswahl am Wurzelknoten:
- Die erste Datensatzanalyse beginnt am Wurzelknoten.
- Algorithmen wie ID3 oder C4.5 bewerten Merkmale (Fragen), um die beste Aufteilung zu finden.
- Die Homogenität von Aufteilungen wird mithilfe von Funktionen wie der Entropie (für ID3) oder dem Gini-Index (für CART) gemessen.

- Berechnung möglicher Splits:
- Die potenziellen Aufteilungen jedes Features werden bewertet.
- Algorithmen berechnen die Reduzierung der Gini-Verunreinigung oder die Erhöhung des Informationsgewinns für jede Aufteilung.
- Es wird die Aufteilung gewählt, die die Homogenität maximiert oder die Verunreinigung minimiert.

- Umgang mit verschiedenen Arten von Variablen:
- Kategoriale Variablen führen zu binären Aufteilungen basierend auf der Kategoriezugehörigkeit.
- Kontinuierliche Variablen werden anhand eines Schwellenwerts und häufig des Median- oder Mittelwerts aufgeteilt.

- Iterativer Prozess durch Baumschichten:
- Nachfolgende Ebenen wiederholen den Feature-Auswahlprozess für die verbleibenden Datenteilmengen.
- An jedem Knoten werden Homogenitäts- und Verunreinigungsberechnungen durchgeführt, bei denen mögliche Aufteilungen verglichen werden.

- Stoppbedingungen und Beschneiden:

- Um eine Überanpassung zu verhindern, legt der Baum Stoppkriterien fest.
- Kriterien sind unter anderem das Erreichen einer maximalen Tiefe oder einer minimalen Probenanzahl.
- Pruning-Methoden können auch nach dem Build verwendet werden, um nicht informative Zweige zu entfernen.

- Schritt-für-Schritt-Beispiel:
- Angenommen, wir haben einen Datensatz, der Vögel von Flugzeugen unterscheidet.
– Der Wurzelknoten könnte die Daten nach „Fliegt es?" aufteilen.
- Ein Zweig fragt dann: „Hat er Federn?" was zu einem Blatt führt, das „Vogel" vorhersagt.
- Der Baum stellt weiterhin Fragen, bis die verschiedenen Klassen (Vögel und Flugzeuge) sauber getrennt sind.

Durch Präzision und algorithmische Logik wandeln Entscheidungsbäume Rohdaten in sortiertes Wissen um und offenbaren die verborgenen Strukturen in unseren Datensätzen. Jeder Knoten, jeder Zweig baut auf den zuvor gestellten Fragen auf und gipfelt in einem Modell, das Ergebnisse mit beeindruckender Weitsicht vorhersehen kann. Aus dieser Perspektive betrachten wir Entscheidungsbäume nicht nur als Werkzeuge für Datenwissenschaftler, sondern als Linsen für eine klarere Sicht im datenreichen Bereich unserer täglichen Entscheidungen.

Das Beschneiden von Entscheidungsbäumen ist eine wichtige Technik, die genauso angewendet wird, wie ein Gärtner unnötige Äste abschneidet, um ein gesundes Wachstum eines Baumes zu gewährleisten. Im Kontext von Entscheidungsbäumen ist Pruning der Prozess, bei dem Abschnitte des Baums entfernt werden, die nicht zu seiner

Vorhersagegenauigkeit beitragen. Dabei handelt es sich um eine Methode zur Vereinfachung des Modells, um es effizienter zu machen und seine Fähigkeit zur guten Verallgemeinerung auf neue, unbekannte Daten zu verbessern.

So funktioniert das Beschneiden:

- Zunächst wird der Entscheidungsbaum vollständig ausgebaut, wobei jede mögliche Frage gestellt und Zweige erstellt werden, bis keine weitere Aufteilung mehr erfolgen kann.
– Einige dieser Zweige basieren jedoch möglicherweise auf Rauschen oder Ausreißern in den Trainingsdaten, was dazu führen kann, dass der Baum überfit wird, was bedeutet, dass er zu stark auf die Trainingsdaten zugeschnitten ist und bei neuen Daten möglicherweise keine gute Leistung erbringt.
- Beschneiden hilft, indem es diese überflüssigen Äste zurückschneidet. Hierfür gibt es verschiedene Ansätze, etwa das Entfernen von Zweigen, die wenig Vorhersagekraft bieten, oder die Verwendung von Validierungsdaten, um zu testen, ob eine Teilmenge des Baums genauso gut funktionieren würde.
- Das Ergebnis ist ein schlankerer Baum und ein Modell, das ein gutes Gleichgewicht zwischen der Anpassung an die Trainingsdaten und der Anpassungsfähigkeit für den effektiven Umgang mit neuen Situationen bietet.

Indem wir einen Entscheidungsbaum mit Bedacht beschneiden, können wir seine Langlebigkeit, Nützlichkeit und Vorhersagefähigkeit verbessern und sicherstellen, dass der Baum, den wir kultiviert haben, nicht nur in den Grenzen unseres Datengartens gedeiht, sondern auch den vielfältigen und unvorhersehbaren Klimabedingungen der Realität standhält - Weltdaten.

Eine Überanpassung in Entscheidungsbaummodellen tritt auf, wenn der Baum die Trainingsdaten zu genau anpasst und neben dem Signal auch Rauschen erfasst. Dies kann die Fähigkeit des Baums beeinträchtigen, bei neuen, unsichtbaren Daten eine gute Leistung zu erbringen, da das übermäßig komplexe Modell möglicherweise weniger anpassungsfähig ist und die Vorhersagen verzerrt sind.

Pruning ist eine Technik, mit der der Entscheidungsbaum gekürzt und seine Komplexität reduziert wird, um die Generalisierungsfähigkeiten des Modells zu verbessern. Eine beliebte Methode ist die Beschneidung der Kostenkomplexität, auch bekannt als Beschneidung des schwächsten Glieds. Hier wird ein Komplexitätsparameter „Alpha" verwendet, um den Kompromiss zwischen der Größe des Baums und seiner Genauigkeit abzuwägen. Zweige, die wenig zur Vorhersagekraft des Baums beitragen, werden beschnitten, wodurch die Baumstruktur vereinfacht wird, ohne ihre Genauigkeit wesentlich zu verringern.

Während der Baumentwicklung können Validierungsdaten als Testlauf für die Leistung des Baums dienen. Durch die Messung der Genauigkeit dieses unabhängigen Datensatzes wird deutlich, welche Zweige überflüssig sind und beschnitten werden können. Der Baum hört auf zu wachsen, wenn das Hinzufügen neuer Zweige nicht zu besseren Vorhersagen für den Validierungssatz führt.

Betrachten Sie beispielsweise ein Wettervorhersagemodell, das auf vergangenen Daten basiert. Um vorherzusagen, ob es an einem Tag regnen wird, kann der ausgewachsene Baum einen Zweig enthalten, der berücksichtigt, ob ein Tag ein Feiertag ist. Während dies für die Trainingsdaten zutreffend sein könnte (vielleicht erinnern sich die Leute lebhafter an regnerische

Feiertage), ist es unwahrscheinlich, dass es sich um einen echten Prädiktor für Regen handelt. Das Beschneiden dieses Astes würde wahrscheinlich die Leistung des Baumes verbessern, wenn er für zukünftige Wettervorhersagen verwendet wird.

Durch diesen Prozess wird ein Gleichgewicht zwischen einem einfachen, aber robusten Modell und einem Modell gefunden, das allein aufgrund der Trainingsdaten äußerst genau ist. Durch das Beschneiden wird sichergestellt, dass Entscheidungsbäume nicht in den Nuancen ihrer Trainingsdaten verwickelt werden, sodass sie unter verschiedenen Bedingungen umfassende und genaue Vorhersagen treffen können. Indem wir die Komplexität des Modells reduzieren, stellen wir sicher, dass es sich an das variable Terrain realer Daten anpassen und zuverlässig vorhersagen kann.

Wie die akribischen Strategien eines Schachgroßmeisters navigieren Entscheidungsbäume in verschiedenen Branchen durch ein Meer von Möglichkeiten, um zu einem Sieg zu gelangen. Stellen Sie sich vor, wie Florence Nightingale ihre statistischen Fähigkeiten wie ein analytisches Skalpell einsetzt und komplexe Patientendaten analysiert, um Muster aufzudecken und Leben zu retten. So wie Nightingales Erkenntnisse das Gesundheitswesen durch die Vorhersage medizinischer Ergebnisse revolutionierten, analysieren Entscheidungsbäume in der modernen Medizin Symptome und Testergebnisse, um Behandlungspfade vorzuschreiben.

Betrachten Sie Warren Buffetts legendären Anlageansatz, der einem erfahrenen Detektiv ähnelt, der Hinweise zusammenfügt, um ein Finanzrätsel zu lösen. Entscheidungsbäume spiegeln dies wider, indem sie Wirtschaftsindikatoren und Markttrends untersuchen, um über die so wichtige Frage „Kaufen, Halten oder Verkaufen" zu entscheiden. In diesen Szenarien ist jeder Schritt des Entscheidungsbaums eine Frage, jeder Zweig eine Auswahl, die den Algorithmus anleitet, schnell die beste Vorgehensweise abzuleiten.

Von den hochriskanten Entscheidungen in Vorstandsetagen bis hin zum prädiktiven Text auf Ihrem Smartphone ist der Einfluss des Entscheidungsbaums spürbar. Diese Anwendungen haben eine Gemeinsamkeit mit dem eleganten und dennoch leistungsstarken Entscheidungsbaumalgorithmus, der Daten in Entscheidungen umwandelt, so wie historische Persönlichkeiten wie Nightingale und Buffett Beobachtungen in die Tat umsetzten. In diesen realen Anwendungen wird die zeitlose Weisheit der Entscheidungsbäume wirklich zum Leben erweckt und macht die komplexe Kunst der Entscheidungsfindung für jedermann zugänglich.

Lassen Sie uns näher auf den sorgfältigen Prozess der Entwicklung von Entscheidungsbäumen und deren Implementierung in Sektoren wie dem Gesundheitswesen und dem Finanzwesen eingehen. Die Reise beginnt mit der Datenerfassung, bei der wir relevante Informationen wie Patientenakten oder Börsendaten sammeln. Diese Daten werden dann bereinigt und aufbereitet. Dies ist ein entscheidender Schritt, bei dem Ungenauigkeiten korrigiert und fehlende Werte behoben werden, um die Qualität und Zuverlässigkeit der Eingabe sicherzustellen.

Nachdem der Datensatz vorbereitet ist, folgt als nächstes das Training des Entscheidungsbaumalgorithmus. Hier nimmt der Baum Gestalt an:

– Der Baum untersucht die Daten, um das beste Feature für

die Aufteilung zu finden. Jede Aufteilung ist wie eine Weggabelung, die zum nächsten Fragenkomplex führt.

- Zu den Kriterien für die Wahl der Aufteilung könnte im Gesundheitswesen die Identifizierung von Symptomen gehören, die eine Diagnose am stärksten vorhersagen, während es im Finanzwesen möglicherweise darum geht, die Markttrends zu ermitteln, die am besten auf einen Anstieg oder Rückgang der Aktienkurse hinweisen.

– Die Qualität jeder potenziellen Aufteilung wird anhand von Maßen wie der Gini-Verunreinigung bewertet, die die Häufigkeit einer Fehlkennzeichnung bewertet, wenn wir zufällig eine Kennzeichnung basierend auf der Verteilung in einem Zweig oder dem Informationsgewinn zuweisen. Dies ist ein Maß dafür, wie viel Unsicherheit im Ergebnis nach der Beseitigung beseitigt wird Teilt.

Diese Berechnungen leiten den Algorithmus bei der Erstellung eines Baums, der nicht nur die Beziehungen in den Trainingsdaten erfasst, sondern auch gut auf unsichtbare Daten verallgemeinert:

- Bei einem Entscheidungsbaum im Gesundheitswesen könnte die Prognose von der Kombination von Symptomen abhängen, die durch die Äste des Baums dargestellt werden, und der Krankheitsgeschichte eines Patienten, gepaart mit aktuellen Symptomen, die auf bestimmte Krankheiten hinweisen.
- Bei Finanzprognosen könnte der Entscheidungsbaum die historische Aktienperformance anhand verschiedener Wirtschaftsindikatoren analysieren, um zukünftige Trends vorherzusagen.

Während des gesamten Prozesses wird der Entscheidungsbaum abgestimmt und verfeinert. Es lernt aus allen Fehltritten in den Trainingsdaten und sucht stets nach den klarsten Wegen für genaue Vorhersagen. Am Ende steht der Entscheidungsbaum bereit, medizinische Fachkräfte bei der Diagnose von Patienten zu unterstützen oder Finanzanalysten bei Investitionsentscheidungen und der Umwandlung komplexer Branchendaten in unschätzbare Entscheidungshilfen zu unterstützen. Diese iterative Verfeinerung ist das Wachstum des Baums, der auf Daten basiert und sich in Erkenntnisse verzweigt.

Nehmen wir uns zum Abschluss unseres Kapitels über Entscheidungsbäume einen Moment Zeit, um ihre stille, aber wichtige Rolle in den Technologien zu erkennen, mit denen wir täglich interagieren. Von den empfohlenen Filmen auf Ihrem Streaming-Dienst bis hin zur Art und Weise, wie Ihre E-Mail-Nachrichten Nachrichten kategorisieren – Entscheidungsbäume sind hart am Werk. Sie vereinfachen die Komplexität unserer riesigen digitalen Landschaft, indem sie Daten in überschaubare, logische Pfade aufteilen. Jedes Mal, wenn Ihre Navigations-App Sie basierend auf der Verkehrslage umleitet oder Ihr Kreditkartenunternehmen eine potenziell betrügerische Transaktion meldet, werden Sie Zeuge von Entscheidungsbäumen in Aktion. Sie durchsuchen nahtlos ein Labyrinth von Optionen, um Ihnen das relevanteste und aktuellste Ergebnis zu präsentieren.

Diese Algorithmen dienen als unsichtbare Entscheidungsträger und optimieren unsere Erfahrungen, ohne dass wir es überhaupt merken. Sie helfen Maschinen, den kognitiven Prozess der menschlichen Entscheidungsfindung nachzuahmen und Rohdatenpunkte in eine klare Erzählung umzuwandeln. Das ist die stille Kraft von Entscheidungsbäumen: Sie destillieren riesige Mengen an Informationen in klare, umsetzbare Entscheidungen und verbessern so das Gefüge unseres täglichen Lebens. Da unsere digitalen Interaktionen immer komplexer werden, wird die

Eleganz von Entscheidungsbäumen beim Durchdringen des Lärms immer wichtiger. Um zu verstehen, wie sie funktionieren, geht es nicht nur darum, die Mechanik eines Algorithmus zu verstehen, sondern auch darum, die Welt aus einer neuen Perspektive der Klarheit zu sehen.

ENSEMBLE-METHODEN, DIE STÄRKEN BÜNDELN

Stellen Sie sich vor, Sie stellen ein Traumteam zusammen, in dem jedes Mitglied ein einzigartiges Fachwissen einbringt. Einer könnte ein Zauberer im Umgang mit Zahlen sein, ein anderer ein Ass in Sachen Strategie und wieder ein anderer ein Virtuose mit kreativen Lösungen. Stellen Sie sich nun vor, wie dieses Team seine Kräfte bündelt und seine vielfältigen Fähigkeiten vereint, um Herausforderungen effektiver zu bewältigen, als es allein möglich wäre. Dies ist die Essenz von Ensemble-Methoden beim maschinellen Lernen. Indem wir die Stärken verschiedener Vorhersagemodelle bündeln, bilden wir eine einheitliche Front, die schärfer und zuverlässiger ist, als es jedes einzelne Modell sein könnte . Jedes Modell hat seine brillanten Momente und Schwächen, aber zusammen decken sie die Schwächen des anderen ab, ähnlich wie eine Band verschiedene Instrumente zu einer einzigen, kraftvollen Symphonie harmoniert. Dieser kollaborative Ansatz erhöht die Genauigkeit und bietet einen robusten Schutz gegen die Unvorhersehbarkeit von Daten, sodass wir bessere und aussagekräftigere Vorhersagen treffen können. Es ist eine Innovation, die die Schönheit der Teamarbeit widerspiegelt und die Grenzen der individuellen Leistung überschreitet.

Ensemble-Methoden im maschinellen Lernen können als Äquivalent zur Bildung eines Chores aus Solokünstlern angesehen werden. Jedes Model ist mit seinem einzigartigen Stil und seiner Bandbreite wie ein Solosänger. Wenn sie alleine auftreten, können sie beeindruckend sein, aber einige Songs können ihren Rahmen sprengen. Ensemble-Methoden nehmen diese einzelnen Modelle und kombinieren ihre Fähigkeiten, ähnlich wie ein Chor Stimmen miteinander verschmilzt. Jeder Sänger kann unterschiedliche Töne anschlagen, aber zusammen erzeugen sie einen komplexeren, volleren Klang, der die Harmonie und Fülle aufweist, die keine einzelne Stimme erreichen kann. Beim maschinellen Lernen führt dies zu Systemen, die bessere Vorhersagen treffen, weil sie ein Problem aus mehreren Perspektiven betrachten und die Schwächen eines Modells mit den Stärken anderer ausgleichen. Dieser kollektive Ansatz erhöht nicht nur die Genauigkeit der Vorhersagen, sondern schafft auch ein anpassungsfähigeres und stabileres Modell, das in der Lage ist, bei verschiedenen Datentypen eine konsistente Leistung zu erbringen. Es ist der Zusammenhalt dieser verschiedenen Modelle, der Anwendungen des maschinellen Lernens stärkt und sie in einer Welt voller Daten zuverlässiger und aufschlussreicher macht.

Ensemble-Methoden im maschinellen Lernen kombinieren die Stärken verschiedener Modelle, um die Gesamtleistung zu verbessern. Es gibt verschiedene Techniken, jede mit ihrem eigenen Ansatz.

Das Bagging oder Bootstrap-Aggregating umfasst die folgenden Schritte:
– Es werden zufällige Teilmengen der Trainingsdaten erstellt, wobei sich einige Instanzen möglicherweise in jeder Teilmenge wiederholen.
- Für jede Teilmenge wird ein separates Modell trainiert.
- Es werden individuelle Vorhersagen getroffen, oft durch einfache Abstimmung zur Klassifizierung oder durch Mittelung zur Regression.

- Die Summe dieser Vorhersagen bildet das Endergebnis .

Boosting funktioniert etwas anders:
- Es beginnt mit dem Trainieren eines Modells anhand aller Daten.
– Das nächste Modell wird trainiert, indem man sich mehr auf Fälle konzentriert, die das vorherige Modell falsch vorhergesagt hat.
– Diese Sequenz wird fortgesetzt, wobei jedem neuen Modell basierend auf seiner Genauigkeit eine Gewichtung zugewiesen wird.
- Eine gewichtete Abstimmung jedes Modells bestimmt die endgültige Vorhersage.

Stacking verfolgt einen einzigartigen Ansatz:
- Mehrere Modelle werden unabhängig voneinander auf demselben Datensatz trainiert.
- Ihre Vorhersagen werden zu einem neuen Datensatz zusammengefasst.
- Anschließend wird ein Meta-Lernmodell auf diesem neuen Datensatz trainiert, um die endgültige Vorhersage zu treffen und zu lernen, wie die Vorhersagen der Eingabemodelle am besten kombiniert werden können.

Zur Veranschaulichung finden Sie hier vereinfachte Pseudocode-Schnipsel für jede Methode:

Absacken:

```
für i=1 bis number_of_models:
Teilmenge                                    =
randomly_sample_with_replacement(training_data)
```

```
model[i] = train(subset)
```
Vorhersagen = [model[i].predict (test_data) für i in range(1, number_of_models+1)]
```
final_prediction = Aggregat(Vorhersagen)
```

Erhöhen:

```
model[ 1] = train(training_data)
für i=2 bis number_of_models:
Fehler = berechne_Fehler(Modell[i-1], Trainingsdaten)
model[i] = train( training_data, focus_on_errors=errors)
```
Gewichte = [calculate_model_weight(model[i]) for i in range(1, number_of_models+1)]
```
final_prediction    =weighted_vote    (    Vorhersagen, Gewichtungen)
```

Stapeln:

```
für Modell in base_models:
    model.train (training_data)
base_vorhersagen.append ( model.predict(training_data))
meta_data = kombinieren(base_predictions)
meta_model = train( meta_data, training_labels)
final_prediction = meta_ model.predict (test_data)
```

Jede dieser Methoden nutzt das „Weisheit der Masse"-

Prinzip und nutzt die Idee, dass eine vielfältige Gruppe von Modellen, die zusammenarbeiten, bessere prädiktive Erkenntnisse liefern kann. Diese Vielfalt ermöglicht es Ensemble-Methoden, die Verzerrungen und Varianzen auszugleichen, die sich auf ein einzelnes Modell auswirken könnten, und ebnet so den Weg für zuverlässigere und robustere Ergebnisse in verschiedenen Anwendungen des maschinellen Lernens.

Stellen Sie sich vor, Sie gehen in einen üppigen Wald, nicht irgendeinen Wald, sondern einen voller vielfältiger Bäume, von denen jeder seine eigene Geschichte und seinen eigenen Beitrag zum gesamten Ökosystem hat. Beim maschinellen Lernen funktioniert eine zufällige Gesamtstruktur nach einem ähnlichen Prinzip. Es besteht aus vielen Entscheidungsbäumen, wobei jeder Baum wie eine einzigartige Pflanze ist, die aus verschiedenen Datenproben gewachsen ist. Diese Bäume funktionieren nicht isoliert; Stattdessen treffen sie jeweils Vorhersagen auf der Grundlage der Informationen, die sie aus ihrem Teil der Daten gewonnen haben. Dann entscheiden diese Bäume gemeinsam über das häufigste Ergebnis, nämlich die Art und Weise, wie Bäume in einem Wald zur Gesundheit des gesamten Systems beitragen, indem sie ihre einzigartigen Rollen spielen.

Die Vielfalt der Bäume in einem zufälligen Wald ist entscheidend. So wie die Artenvielfalt einen Wald stärkt, sorgt die zufällige Auswahl der Merkmale für jeden Baum im Modell dafür, dass die Daten aus allen Blickwinkeln betrachtet werden. Diese Sammlung von Perspektiven trägt dazu bei, Vorurteile auszugleichen und führt zu fundierteren Vorhersagen, ähnlich wie ein starker, widerstandsfähiger Wald, der durch die Aufnahme einer Vielzahl verschiedener Pflanzen gedeiht. Durch die Kombination der Erkenntnisse jedes einzelnen Baums erhält ein zufälliger Wald ein umfassendes und aufschlussreiches

Gesamtverständnis, das für entscheidende Klarheit und eine zuverlässigere Prognose in der Welt der Daten sorgt.

Lassen Sie uns die inneren Mechanismen eines zufälligen Waldes näher erläutern und erläutern, wie er seine Vorhersagekraft kultiviert. Innerhalb dieses Ensemble-Modells beginnt jeder Baum sein Leben durch Bootstrapping; Im Wesentlichen handelt es sich dabei um eine Zufallsstichprobe der Gesamtdaten mit Ersatz, ähnlich wie beim Austeilen einer Hand mit Karten aus einem gemischten Stapel. Dieser Bagging-Prozess stellt sicher, dass jeder Baum unterschiedliche Facetten der Daten erfährt, ähnlich wie unterschiedliche Trainingserfahrungen.

Da jeder Baum wächst, wird nicht jedes Merkmal bei jeder Teilung berücksichtigt. Es werden zufällige Teilmengen von Merkmalen ausgewählt, wodurch der Entscheidungsprozess jedes Baums abwechslungsreicher wird. Dieser Schritt ist von entscheidender Bedeutung, da er die Tendenz von Bäumen zur Überanpassung an die Trainingsdaten eindämmt, ähnlich wie die Förderung unabhängigen Denkens in einem Klassenzimmer, um ein umfassenderes Verständnis zu fördern.

Wenn es darum geht, Vorhersagen zu treffen, gibt jeder Baum seine Stimme ab. Bei einer Klassifizierungsaufgabe entscheidet die Mehrheitsentscheidung über die endgültige Vorhersage, während es bei einer Regressionsaufgabe der Durchschnitt der Ergebnisse ist. Diese kollektive Entscheidungsfindung gleicht Fehler einzelner Bäume automatisch aus, verringert die Varianz der Vorhersage und stärkt die Stabilität.

Das Schöne am Ensemble ist, wie sich seine Vielfalt in

Anpassungsfähigkeit niederschlägt. Im Gegensatz zu einem einzelnen Entscheidungsbaum, der möglicherweise durch besondere Datenpunkte beeinflusst wird, betrachtet der Zufallswald diese Anomalien nur als einen Teil eines größeren Bildes. Das Ergebnis ist ein beeindruckendes, flexibles Modell, das den Launen von Datenunregelmäßigkeiten widersteht und zuverlässige Erkenntnisse sowie einen standhaften Wächter in der unvorhersehbaren Welt der Daten liefert.

Das Erlernen einer neuen Fähigkeit, wie zum Beispiel Gitarrenspielen, ist eine Reise schrittweiser Verbesserungen. Man fängt mit den Grundlagen an, fummelt vielleicht an den Saiten herum und schlägt die falschen Noten. Während Sie üben, wird Ihre Technik besser und die Musik beginnt natürlicher zu fließen. Ähnlich verhält es sich mit der Steigerung des maschinellen Lernens: Es handelt sich um eine Reihe aufeinander aufbauender Schritte. Bei jedem Versuch lernt der Algorithmus, wie ein angehender Musiker, aus den Fehltritten. Das erste Modell könnte einige Vorhersagen richtig machen, aber es sind die Fehler, die den nächsten Schritt leiten.

So wie ein Gitarrist langsam einen Song meistert, indem er erkennt, welche Akkorde nicht richtig klingen, konzentriert sich das nächste Modell in der Boosting-Sequenz auf die Fehler des vorherigen und versucht, sie zu korrigieren. Mit der Zeit summieren sich diese Modelle, vergleichbar mit Übungseinheiten. Die Lernenden passen ihre Antworten basierend auf dem Gesamtfeedback früherer Versuche an und verfeinern sie. So wie die Beharrlichkeit des Musikers schließlich zu einem fehlerfreien Auftritt führt, lernt die Kombination all dieser Modelle, mit beeindruckender Genauigkeit Vorhersagen zu treffen. Die Fehler, die einst zu Zwietracht führten, wurden nun zu einer schönen, zusammenhängenden Vorhersage harmonisiert. Es ist ein Konzert von Modellen, bei dem jedes einzelne zu einer größeren Symphonie der Einsicht beiträgt, so wie jede Übungssitzung zur endgültigen Interpretation des Musikers beiträgt.

Hier ist die Aufschlüsselung, wie Boosting-Algorithmen den Prozess der Erstellung intelligenter Vorhersagen verfeinern:

- Erstmaliges Basis-Lerner-Setup:
– Der Boosting-Prozess beginnt mit einem einfachen Modell, oft einem Entscheidungsstumpf (einem Baum mit einer einzelnen Teilung).
- Dieser Basislerner nimmt erste Klassifizierungen der Daten vor.

- Fokus auf Fehlklassifizierung:
- Das nächste Modell in der Sequenz achtet besonders auf Fälle, in denen das vorherige Modell einen Fehler gemacht hat.
– Diese falsch klassifizierten Fälle werden analysiert, um zu verstehen, warum sie nicht richtig vorhergesagt wurden.

- Gewichtsanpassung:
- Beim Boosten hat jede Trainingsinstanz eine Gewichtung, die ihre Bedeutung im Trainingsprozess angibt.
– Nach jeder Iteration werden die Gewichte falsch klassifizierter Instanzen erhöht, damit nachfolgende Modelle ihnen mehr Aufmerksamkeit schenken.

- Minimierung der Verlustfunktion:
- Eine Verlustfunktion berechnet, wie weit die Vorhersagen des Modells von den tatsächlichen Werten entfernt sind.
– Der Boosting-Algorithmus zielt darauf ab, diesen Verlust bei jedem neuen Modell, das der Sequenz hinzugefügt wird, zu minimieren.

- Bildung des aggregierten Modells:
- Im Verlauf der Sequenz werden die Vorhersagen aller Modelle kombiniert.
– Bei dieser Kombination handelt es sich um eine gewichtete Abstimmung oder einen gewichteten Durchschnitt, wobei genauere Modelle einen größeren Einfluss auf die endgültige Vorhersage haben.

- Beispiel für eine schrittweise E-Mail-Klassifizierung:
- Erwägen Sie ein E-Mail-Klassifizierungssystem zur Identifizierung von Spam.
- Der erste Entscheidungsstumpf könnte E-Mails ausschließlich anhand des Worts „Angebot" klassifizieren.
- Nachfolgende Modelle konzentrieren sich auf zuvor falsch klassifizierte E-Mails, beispielsweise solche mit „Angebot", die aber kein Spam sind.
- Während sich Modelle ansammeln, lernt der Algorithmus aus der differenzierten Sprache von Spam-E-Mails und erstellt so einen verfeinerten Spam-Filter.

Die Kraft des Boostings liegt in diesem iterativen Prozess – aus Fehlern zu lernen und sich ständig zu verbessern. Wie ein geschickter Handwerker stellt das Ensemble mit jedem Durchgang ein empfindlicheres und präziseres Werkzeug her, das die Körnchen nützlicher Daten besser von Spreu unterscheiden kann. Durch diese sich entwickelnde Scharfsinnigkeit übernehmen Boosting-Algorithmen das Ruder, vermeiden Fehltritte und streben ein zuverlässigeres, datengesteuertes Ziel an.

Stellen Sie sich ein Klassenzimmer vor, in dem ein Lehrer den Schülern vor der Abschlussprüfung mehrere Übungstests durchführt. Jeder Test enthält einen anderen Fragensatz, deckt aber alle das gleiche Material ab. Dieser Ansatz ähnelt dem Einsatz maschinellen Lernens. Anstatt einem einzelnen Modell den gesamten Großteil der zu lernenden Daten zu geben, werden beim Bagging zahlreiche kleinere, zufällige Stichproben der Daten erstellt. Jede Stichprobe ist wie ein Scheintest, der in unserer Analogie ein separates Modell oder einen einzelnen Schüler herausfordert, seine Vorhersagen zu treffen.

Diese einzelnen Modelle werden unabhängig voneinander trainiert und ihre vielfältigen Erfahrungen mit unterschiedlichen Datenausschnitten verbessern ihre Fähigkeit, ein breites Spektrum an Szenarien zu bewältigen. So wie Studierende, die sich mit einer Vielzahl von Fragen befasst haben, besser auf die Unvorhersehbarkeit einer tatsächlichen Prüfung vorbereitet sind, sind diese Modelle auch besser in der Lage, angesichts neuer Daten genaue Vorhersagen zu treffen.

Wenn es an der Zeit ist, die endgültige Entscheidung zu treffen, werden ähnlich wie bei der Benotung einer Prüfung die Vorhersagen aller Modelle zusammengefasst. Oft wird die häufigste Vorhersage gewählt, ähnlich wie bei der Entscheidung über die Antwort auf eine umstrittene Prüfungsfrage ein Klassenkonsens verwendet werden könnte. Diese kollektive Weisheit führt zu einem stärkeren, zuverlässigeren Ergebnis mit besseren Noten, wenn wir unsere Klassenzimmermetapher erweitern, anstatt uns auf die Ergebnisse eines einzelnen Tests zu verlassen. Beim Bagging geht es also nicht nur darum, fundiertere Vorhersagen zu treffen; Es geht darum, ein belastbares und kompetentes System zu schaffen, das die umfassende Vorbereitung widerspiegelt, die wir in der Bildung schätzen.

Lassen Sie uns näher auf das Thema Bagging eingehen, einen Grundalgorithmus in Ensemble-Methoden. Die Reise beginnt mit der Aufnahme des Originaldatensatzes und der Generierung mehrerer Bootstrap-Beispiele. Dies bedeutet, dass zufällige Teilmengen von Daten gezogen werden, wobei Wiederholungen möglich sind, ähnlich wie das Mischen und wiederholte Austeilen neuer Hände aus einem Kartenspiel. Jedes Modell im Ensemble trainiert anhand dieser Stichproben und wird dabei leicht unterschiedlichen Aspekten und Nuancen der Daten ausgesetzt.

Durch diese abwechslungsreiche Ausbildung entwickelt jedes Modell seine eigene Perspektive. Wenn es darum geht, über die endgültige Vorhersage abzustimmen, stellen Sie sich einen Rat vor, in dem jedes Mitglied Einblicke aus seiner einzigartigen Sichtweise einbringt. Bei Klassifizierungsproblemen ist in der Regel ein Mehrheitsentscheidungssystem vorhanden, während bei der Regression ein Durchschnitt aller Modellergebnisse die endgültige Vorhersage bestimmt. Dieser demokratische Ansatz gleicht nicht nur etwaige Eigenheiten zwischen einzelnen Modellen aus, sondern stärkt auch die Fähigkeit des gesamten Ensembles, konsistente und genaue Vorhersagen zu generieren.

Das Schöne am Absacken ist sein statistischer Vorteil, und die aggregierten Ergebnisse weisen typischerweise eine geringere Varianz auf. Dies bedeutet, dass die Vorhersagen bei Änderungen der Eingabedaten nicht stark schwanken, was ein höheres Maß an Zuverlässigkeit unterstreicht. Es filtert den Lärm heraus, der ein einzelnes Modell in die Irre führen kann.

Ein unschätzbarer Vorteil beim Absacken ist schließlich die Fehlerschätzung außerhalb des Sacks. Für jedes Modell gibt es Datenpunkte, die es während des Trainings nie gesehen hat, und die „Out-of-Bag"-Stichproben. Diese Proben dienen als interner Testsatz und liefern eine Leistungsschätzung, die mit einer Kreuzvalidierung vergleichbar ist. Der zuverlässige und praktische Out-of-Bag-Fehler quantifiziert, wie gut unser Ensemble voraussichtlich funktionieren wird, und rundet die Leistungsfähigkeit von Bagging als robuster, abgerundeter Prädiktor im vielschichtigen Bereich des maschinellen Lernens ab.

So wie ein erfahrener Reisender mehrere Reiseführer, Karten und lokale Ratschläge zu Rate zieht, um die beste Reise zu planen, nutzen Ensemble-Methoden in der Technologie eine ähnliche kollaborative Weisheit. Nehmen Sie die Navigations-App auf Ihrem Telefon, sie verfolgt nicht nur die Daten eines Satelliten, sondern vergleicht mehrere Quellen: Verkehrsmeldungen, Wetteraktualisierungen, Baustellenhinweise und sogar Benutzer-Feedback, um die effizienteste Route zu Ihrem Ziel vorzuschlagen. Jede Datenquelle bietet einen wertvollen Teil des Puzzles, und wenn sie kombiniert werden, entsteht ein klareres und umfassenderes Bild der bevorstehenden Straße.

Dieses Ensemble von Informationsquellen funktioniert zusammenhängend und stellt sicher, dass, wenn jemand einen Weg vorschlägt, der jetzt mit Verkehr überlastet ist, andere einspringen und Alternativen anbieten. Die endgültige Empfehlung der App ist, ähnlich wie der Konsens einer gut informierten Masse, tendenziell zuverlässiger als das, was eine einzelne Quelle bieten könnte. Das Gleiche gilt für viele der intelligenten Systeme in unserem Leben, von Online-Empfehlungsmaschinen bis hin zum automatisierten Kundensupport, da sie alle auf die kollektive Intelligenz verschiedener Algorithmen zurückgreifen, um ein Ziel zu erreichen, das sich fast intuitiv richtig anfühlt. Durch die Vereinigung mehrerer prädiktiver Stimmen zu einem Chor schaffen Ensemble-Methoden harmonisierte Lösungen, die mit der Komplexität und Dynamik der realen Welt in Einklang stehen.

Hier ist die Aufschlüsselung der Ensemble-Methoden beim maschinellen Lernen:

- Einzelne Algorithmen, aus denen Ensemble-Methoden bestehen:
- Absacken:
- Erzeugt Bootstrap-Datensätze durch Stichprobenziehung und Ersetzung aus dem Originaldatensatz.
- Trainiert ein Modell für jeden Bootstrap-Datensatz unabhängig.
- Aggregiert die Vorhersagen von Modellen durch einfache Abstimmung zur Klassifizierung oder Mittelung zur Regression.

- Erhöhen:
– Beginnt mit einem schwachen Modell und trainiert es anhand des gesamten Datensatzes.
– Nachfolgende Modelle konzentrieren sich auf Fälle, die frühere Modelle durch die Zuweisung höherer Gewichtungen falsch vorhergesagt haben.
– Kombiniert die Vorhersagen aller Modelle, wobei spätere Modelle oft mehr Einfluss haben, um die endgültige Ausgabe zu bilden.

- Stapeln:
- Trainiert verschiedene Modelle mit demselben Datensatz und verwendet ihre Vorhersagen als Eingabemerkmale für ein neues Modell, das als Meta-Learner bezeichnet wird.
– Der Meta-Lernende, oft ein anderer Algorithmus, trifft dann die endgültige Vorhersage.

- In jedem Algorithmus enthaltene Schritte:
- Dateneingabe:
- Einsacken und Boosten funktionieren sowohl mit der ursprünglichen als auch mit der gewichteten Version des Datensatzes.
- Beim Stapeln werden Basismodellvorhersagen als neue Eingabedaten für den Meta-Lernenden verwendet.

- Modeltraining:
- Beim Bagging werden Modelle parallel trainiert.
- Boosting trainiert Modelle nacheinander und konzentriert sich dabei auf Fehler des Vorgängers.
- Durch das Stapeln werden zunächst Modelle der ersten Ebene unabhängig trainiert, dann wird der Meta-Lernende seine Erkenntnisse integrieren.

- Ausgabegenerierung und -aggregation:
- Beim Absacken werden häufig Mehrheitsentscheidungen oder Durchschnittswerte getroffen.
- Boosting verwendet eine gewichtete Abstimmung basierend auf der Leistung jedes Modells.
– Die endgültige Ausgabe von Stacking stammt vom Meta-Lernenden, der anhand der Ausgabe von Modellen der ersten Ebene trainiert wurde.

- Kombinieren von Vorhersagen und Umgang mit Modellleistungsfaktoren:
- Bagging reduziert die Varianz, indem es den Durchschnitt vieler unkorrelierter Vorhersagen bildet.
- Steigerung der Ansatzverzerrung und -varianz durch Fokussierung auf die iterative Korrektur von Vorhersagen.
- Stapeln hilft dabei, sowohl Verzerrungen als auch Varianz zu reduzieren, indem es aus den unterschiedlichen Fehlern der Modelle der ersten Ebene lernt.

- Auswirkungen auf komplexe Problemlösungstechnologien:
- Die Robustheit der Ensemble-Methoden verbessert die Genauigkeit und Konsistenz bei Aufgaben wie der Vorhersage von Markttrends oder der Diagnose von Krankheiten.
- Sie unterstützen fortschrittliche Systeme wie Navigations-Apps, die die Verarbeitung und Integration verschiedener Datenquellen erfordern, um präzise Entscheidungen in Echtzeit zu treffen.

Durch die Integration mehrerer Modelle, die unterschiedlich lernen und vorhersagen, bilden Ensemble-Methoden eine kollektive Intelligenz. Diese Intelligenz ist die Grundlage vieler fortschrittlicher Problemlösungstechnologien, auf die wir täglich angewiesen sind, von der Wettervorhersage bis hin zur Bereitstellung von Wegbeschreibungen. Sie veranschaulichen, wie die Zusammenführung unterschiedlicher Vorhersagen eine einheitliche Front gegen die den Daten innewohnenden Unsicherheiten bildet und sowohl die Zuverlässigkeit als auch die Tiefe der Erkenntnisse erhöht.

Lassen Sie uns zum Abschluss dieses Kapitels über Ensemble-Methoden die kollektive Stärke würdigen, die sie in die Welt der Predictive Analytics bringen. Diese Methoden erinnern uns an die Kraft der Zusammenarbeit, indem wir verschiedene Modelle vereinen, ihre individuellen Stärken nutzen und ihre Schwächen kompensieren. Diese Einheit führt zu genaueren und verlässlicheren Vorhersagen, ähnlich wie ein Team, das seine vielfältigen Fachkenntnisse bündelt, um komplexe Probleme zu lösen. Ensemble-Methoden sind wie ein Orchester, bei dem jedes Instrument der endgültigen Komposition Tiefe verleiht. Im weiteren Verlauf werden diese Methoden noch integraler werden und die Genauigkeit und Anwendung von Vorhersagen in jedem Winkel unserer datengesteuerten Welt weiter verfeinern und verbessern. Sie verändern den Bereich der Predictive Analytics und erweitern die Grenzen dessen, was unsere Technologien leisten können. Während sie sich weiterentwickeln, vertieft sich unser Verständnis und die Entscheidungsfindung wird immer fundierter, präziser und zuverlässiger.

BEWERTUNG DER MODELLLEISTUNG

Es ist an der Zeit, in die komplizierte Reise des maschinellen Lernens einzutauchen, ein Bereich, in dem die Leistung von Modellen genauso wichtig ist wie die Modelle selbst. Betrachten Sie auf dieser Reise durch das Kapitel jedes Modell als Leitfaden, der uns durch die komplizierten Pfade der Daten zum Schatz an Erkenntnissen führt. So wie das Fachwissen eines Reiseleiters für eine erfolgreiche Expedition von entscheidender Bedeutung ist, ist die Messung der Wirksamkeit unserer Modelle für die Suche nach genauen Vorhersagen unerlässlich.

Gemeinsam werden wir untersuchen, wie wir diese Leistung messen können, indem wir Metriken untersuchen, die als Navigationsinstrumente dienen und sicherstellen, dass unsere Modelle auf Kurs bleiben. Indem wir Konzepte wie Genauigkeit, Präzision und Erinnerung aufschlüsseln, verschaffen wir uns das Wissen, um unsere Modelle bis zur Perfektion zu verfeinern. Durch klare Erklärungen und nachvollziehbaren Kontext beleuchten wir die Bedeutung jeder Metrik und die Rolle, die sie bei der Stärkung unserer Modelle für die Herausforderungen der realen Welt spielt.

Schritt für Schritt entmystifizieren wir diese Konzepte auf eine Weise, die leicht verständlich und anwendbar ist, unabhängig davon, ob Sie Ihre Reise in das maschinelle Lernen beginnen oder Ihr vorhandenes Wissen vertiefen möchten. Lassen Sie uns gemeinsam in diese Welt eintauchen, Komplexität beherrschbar machen und entdecken, wie mächtig ein gut evaluiertes Modell sein kann.

Genauigkeit ist in der Welt des maschinellen Lernens wie der erste Kontrollpunkt bei einem Marathon; Es gibt Ihnen einen schnellen Überblick darüber, wie gut es Ihnen geht. Es ist einfach und dennoch informativ und misst den Anteil der Vorhersagen, die Ihr Modell richtig trifft. Wenn wir uns Vorhersagen als Antworten auf einen Test vorstellen, dann stellt die Genauigkeit den Prozentsatz richtiger Antworten unter allen gegebenen Antworten dar.

Um es zu berechnen, zählen wir die Zeiten zusammen, in denen unser Modell ins Schwarze getroffen hat, als seine Vorhersagen mit den tatsächlichen Ergebnissen übereinstimmten, und dividieren dies durch die Gesamtzahl der getroffenen Vorhersagen. Diese oft als Prozentsatz ausgedrückte Zahl gibt uns einen Überblick über die allgemeine Wirksamkeit unseres Modells.

Obwohl Genauigkeit ein hilfreicher Ausgangspunkt ist, sagt sie nicht immer alles aus, insbesondere wenn die Daten, mit denen wir arbeiten, unausgewogen sind. Als breiter Indikator für den Erfolg dient es jedoch als wesentliches Barometer für die Gesundheit eines Modells und gibt uns Aufschluss darüber, ob unser Machine-Learning-„Sportler" auf dem richtigen Weg ist oder ob er mehr Training benötigt, um bessere Leistungen zu erbringen. Das Verständnis der Genauigkeit ist von entscheidender Bedeutung, da es die Grundlage für differenziertere Leistungsmetriken bildet, die die praktische Wirkung und den Erfolg unserer Vorhersagemodelle in realen Anwendungen widerspiegeln.

Um unser Verständnis der Genauigkeit beim maschinellen Lernen zu vertiefen, werfen wir zunächst einen Blick auf die Grundformel. Die Genauigkeit ist die Gesamtzahl der richtigen Vorhersagen geteilt durch die Gesamtzahl der getroffenen Vorhersagen. Einfacher ausgedrückt : Wenn wir 100 Vorhersagen hätten und 90 richtig wären, beträgt die Genauigkeit unseres Modells 90 %.

Aber hier ist die Sache: Genauigkeit ist nicht immer der zuverlässige Kompass, den wir uns erhoffen. Stellen Sie sich ein Szenario vor, in dem ein erhebliches Ungleichgewicht zwischen den Klassen besteht, die wir vorhersagen möchten . Beispielsweise handelt es sich bei 95 % der E-Mails nicht um Spam. Wenn unser Modell einfach für jede E-Mail „kein Spam" vorhersagt, wäre es zu 95 % genau, würde aber die Komplexität der anstehenden Aufgabe nicht erfassen.

Die Implementierung der Genauigkeitsberechnung in einem Machine-Learning-Framework könnte in Pseudocode wie folgt aussehen:

```
korrekte_Vorhersagen = 0
für jede Instanz in test_data:
    wenn        model.predict        (Instanz)        ==
tatsächliches_Label(Instanz):
    korrekte_Vorhersagen += 1
    Genauigkeit    =        korrekte_Vorhersagen        /
Gesamtzahl_der_Vorhersagen
```

Betrachten wir nun die Verwirrungsmatrix, die uns hilft, die Fassade irreführender Genauigkeitsraten zu überwinden. Diese Matrix ist wie ein detailliertes Hauptbuch, das aufzeichnet, wo die Vorhersagen des Modells landen. Es gibt vier Hauptkategorien:
- True Positives (TP): Unser Modell sagt „Ja" voraus und die wahre Bezeichnung lautet „Ja".
- True Negatives (TN): Unser Modell sagt „Nein" voraus und die wahre Bezeichnung lautet „Nein".
- False Positives (FP): Unser Modell sagt „Ja" voraus, aber die wahre Bezeichnung lautet „Nein".
- Falsch Negative (FN): Unser Modell sagt „Nein" voraus, aber die wahre Bezeichnung lautet „Ja".

Bei dieser Prüfung beginnen wir zu erkennen, dass die Leistung des Modells aus verschiedenen Blickwinkeln eine wesentliche Vorgehensweise für die Durchführung intelligenter Anpassungen darstellt, die über die Genauigkeit auf Oberflächenebene hinausgehen.

Durch das Verständnis dieser Metriken und der potenziellen blinden Flecken, die entstehen, wenn wir uns ausschließlich auf die Genauigkeit verlassen, sind wir besser in der Lage, Modelle für maschinelles Lernen zu entwickeln, die nicht nur zu unseren Daten passen, sondern sie auch wirklich verstehen. Es ist eine vergrößerte Ansicht, die es uns ermöglicht, Nuancen zu erkennen, unsere Modelle an die jeweilige Aufgabe anzupassen und letztendlich darauf zu vertrauen, dass ihre Vorhersagen uns in die richtige Richtung lenken.

Präzision und Erinnerung sind zwei Seiten derselben Medaille und in der Welt des maschinellen Lernens von entscheidender Bedeutung. Betrachten wir zunächst die

99

Präzision. Diese Metrik sagt uns den Anteil der Fälle, die das Modell als positiv vorhergesagt hat, die tatsächlich positiv waren . Um es im Klartext zu sagen: Wenn wir Thunfisch angeln, ist Präzision unsere Erfolgsquote, um nur Thunfisch zu fangen und nicht versehentlich einen Delfin zu fangen.

Beim Rückruf hingegen geht es um Vollständigkeit. Es beantwortet die Frage, wie viele tatsächlich positive Fälle wir mit unserem Modell erfasst haben. In Anlehnung an unseren Vergleich mit der Fischerei geht es bei der Rückrufaktion darum, sicherzustellen, dass wir keinen Thunfisch im Meer zurücklassen.

In Situationen, in denen Fehler kostspielig sein können, wie in der medizinischen Diagnostik oder in der Strafjustiz, sind Präzision und Erinnerung besonders wichtig. Ein falsch positives Ergebnis könnte beispielsweise bedeuten, dass sich ein gesunder Patient einer unnötigen Behandlung unterzieht oder dass eine unschuldige Person zu Unrecht verurteilt wird. Ebenso könnte ein falsch negatives Ergebnis bedeuten, dass eine Krankheit nicht diagnostiziert wird oder ein Verbrechen ungestraft bleibt. Diese Metriken tragen dazu bei, solche Risiken zu mindern, indem sie sicherstellen, dass die Vorhersagen unseres Modells nicht nur zahlreich, sondern auch aussagekräftig und vertrauenswürdig sind.

Indem wir Präzision und Erinnerung in Einklang bringen, wollen wir ein Modell bauen, das weder zu schießfreudig ist (zu viele Delfine in unserem Thunfischnetz fängt), noch zu vorsichtig ist (zu viel Thunfisch entkommen lässt). Die Feinabstimmung dieses Gleichgewichts ist ein wichtiger Aspekt bei der Verfeinerung von Modellen für maschinelles Lernen, um in realen Szenarien, in denen die Folgen einer Fehlalarmierung oder eines Fehlschlags erheblich sind, effektiv zu funktionieren.

Lassen Sie uns die detaillierten Komponenten Präzision und Rückruf näher erläutern. Der Ausgangspunkt ist die Verwirrungsmatrix – eine Tabelle, die die richtigen und falschen Vorhersagen eines Modells in vier verschiedene Kategorien einteilt: True Positives (TP), wobei das Modell eine positive Klasse korrekt identifiziert; falsch positive Ergebnisse (FP), bei denen ein Negativ fälschlicherweise als positiv identifiziert wird; echte Negative (TN), bei denen das Modell eine negative Klasse korrekt identifiziert; und falsch-negative Ergebnisse (FN), bei denen ein positives Ergebnis fälschlicherweise als negativ identifiziert wird.

Präzision ist das Verhältnis der echten positiven Ergebnisse zur Gesamtsumme der echten positiven und falsch positiven Ergebnisse. Es wird als TP / (TP + FP) berechnet. Dies sagt uns, wie „präzise" unser Modell ist, wenn es eine positive Klasse vorhersagt: Wie viele der als positiv gekennzeichneten Elemente sind tatsächlich positiv ? Hohe Präzision ist in Bereichen wie der E-Mail-Spam-Erkennung von entscheidender Bedeutung, wo die Kennzeichnung einer Nicht-Spam-Nachricht als Spam (ein falsch positives Ergebnis) ein erheblicher Fehler ist.

Recall, auch Sensitivität genannt, misst das Verhältnis von echten Positiven zur Summe von echten Positiven und falschen Negativen, berechnet als TP / (TP + FN). Es geht darum, wie gut sich unser Modell an die tatsächlich positiven Ergebnisse „erinnern" kann: Wie viele der wirklich positiven Ergebnisse hat es identifiziert? Eine hohe Erinnerung ist in Bereichen wie dem Krankheitsscreening von entscheidender Bedeutung, wo das Fehlen eines positiven Falls (falsch negativ) schwerwiegende Folgen haben kann.

Diese beiden Metriken stehen oft im Widerspruch – ein

Modell mit sehr hoher Präzision kann einen geringen Rückruf haben und umgekehrt. Um den Kompromiss auszugleichen und ein Gleichgewicht herzustellen, können wir den F1-Score verwenden, der das harmonische Mittel aus Präzision und Erinnerung darstellt. Dadurch wird sichergestellt, dass wir einer Metrik nicht zu viel Vorrang vor der anderen geben und eine ausgewogene Perspektive auf die Vorhersageleistung unseres Modells beibehalten.

Wenn wir diese Metriken und ihre Berechnungen analysieren, beginnen wir, das Gesamtbild der Auswirkungen eines Modells zu erkennen. Ein Modell mit ausgewogener Präzision und Erinnerung ist wie ein gut gestimmtes Instrument, das die richtigen Töne zur richtigen Zeit spielt, was es in Branchen von unschätzbarem Wert macht, in denen die richtige Vorhersage nicht nur von Vorteil, sondern auch von entscheidender Bedeutung ist.

Stellen Sie sich eine Verwirrungsmatrix als eine detaillierte Anzeigetafel vor, die Ihnen nicht nur das Ergebnis, sondern auch die Art und Weise, wie es zustande kam, verrät. Dieses Tool ist ein Eckpfeiler für die Bewertung der Leistung eines Modells für maschinelles Lernen und geht weit über die bloße Genauigkeit hinaus. Es legt die von einem Modell getroffenen Vorhersagen in einem Matrixformat dar, sodass wir nicht nur sehen können, wann das Modell richtig war, sondern auch, wie es richtig oder falsch war.

Die Matrix ist in vier Quadranten unterteilt: Die obere linke Seite stellt echte Positive dar, wobei die Vorhersagen mit den tatsächlichen Positiven übereinstimmten; unten rechts sind die korrekt identifizierten wahren Negative zu sehen; Oben rechts sind falsch positive Ergebnisse, Fälle, die fälschlicherweise als positiv vorhergesagt wurden; und unten links sind die falsch-negativen Werte, also die tatsächlichen positiven Werte, die das Modell übersehen hat.

Durch die Bereitstellung dieser Aufschlüsselung ermöglicht uns die Verwirrungsmatrix, feinere Details der Modellleistung zu messen, wie z. B. Präzision und Rückruf, und die Nuancen hinter jeder Vorhersage zu verstehen. Es hilft zu erkennen, ob ein Modell in seinen Vorhersagen zu konservativ oder zu liberal ist, und liefert uns die Erkenntnisse, die wir für die Feinabstimmung seines Entscheidungsprozesses benötigen. Im Wesentlichen verleiht diese Matrix einer traditionell flachen Messung eine dreidimensionale Perspektive und verwandelt unsere Modellbewertung in eine fundiertere, aufschlussreichere Praxis.

Hier ist die Aufschlüsselung der Verwirrungsmatrix und der wertvollen Erkenntnisse, die sie beim maschinellen Lernen bietet:

- Definitionen von Matrixelementen:
- True Positives (TP): Fälle, die korrekt als positiv vorhergesagt wurden.
- True Negatives (TN): Fälle, die korrekt als negativ vorhergesagt wurden.
- False Positives (FP): Fälle, die fälschlicherweise als positiv vorhergesagt wurden.
- False Negatives (FN): Fälle, die fälschlicherweise als negativ vorhergesagt wurden.

- Berechnung und Klassifizierung:
- Erhalten Sie TP, TN, FP und FN, indem Sie die Vorhersagen des Modells mit den tatsächlichen Bezeichnungen vergleichen.

- Organisieren Sie diese Zählungen in einer Matrix, die die vorhergesagten mit den tatsächlichen Etiketten vergleicht.

- Ableitung von Leistungskennzahlen:
- Genauigkeit: Berechnen Sie, indem Sie TP und TN addieren und dann durch die Gesamtzahl der Vorhersagen dividieren.
- Präzision: Berechnen Sie, indem Sie TP durch die Summe von TP und FP dividieren, um die Genauigkeit des Modells zu beurteilen.
- Zur Erinnerung: Berechnen Sie, indem Sie TP durch die Summe von TP und FN dividieren und so die Vollständigkeit des Modells beurteilen.
- F1-Score: Harmonisieren Sie Präzision und Rückruf in einer einzigen Metrik mithilfe der Formel 2 * (Präzision * Rückruf) / (Präzision + Rückruf).

- Einblicke in die Modellleistung:
- Verwenden Sie die abgeleiteten Metriken, um die Gesamtgenauigkeit des Modells und seine Tendenz zu falschen Vorhersagen oder Auslassungen zu beurteilen.
- Präzision und Rückruf können jede Voreingenommenheit gegenüber bestimmten Klassen aufzeigen , insbesondere bei unausgeglichenen Datensätzen.
- Der F1-Score bietet eine ausgewogene Sicht durch die Kombination von Präzision und Erinnerung, was in Bereichen nützlich ist, in denen sowohl falsch positive als auch negative Ergebnisse erhebliche Konsequenzen haben.

- Bedeutung in bestimmten Bereichen:
- Die Verwirrungsmatrix gewinnt in Bereichen wie der Betrugserkennung oder der Identifizierung seltener Krankheiten an Bedeutung, wo die Daten häufig auf eine Klasse verzerrt sind und die mit falschen Vorhersagen verbundenen Kosten hoch

sind.

- Es trägt dazu bei, dass die Vorhersagemodelle nicht nur das Zahlenspiel spielen, sondern aussagekräftige, umsetzbare Erkenntnisse liefern.

Indem wir uns die detaillierten Ergebnisse einer Verwirrungsmatrix ansehen, sehen wir nicht nur die Leistung unseres Modells im luftleeren Raum, sondern verstehen auch, wie es der Komplexität realer Situationen standhält. Dieser Grad an Granularität ist der Schlüssel zur Entwicklung von Anwendungen für maschinelles Lernen, die nicht nur technisch solide, sondern auch praktisch relevant und zuverlässig sind.

Stellen Sie sich vor, Sie befinden sich in der Arztpraxis für eine routinemäßige Gesundheitsuntersuchung – eine Situation, in der die Genauigkeit der Ergebnisse tiefgreifende Auswirkungen auf das Leben eines Patienten haben kann. In diesem Zusammenhang sind Präzision und Erinnerung nicht nur Maßstäbe, sondern ein Schutz vor lebensverändernden Fehlern. Präzision in den Testergebnissen bedeutet, dass, wenn das Screening anzeigt, dass Sie an einer Krankheit leiden, dies höchstwahrscheinlich der Fall ist – ein Fehlalarm könnte Stress und unnötige Behandlung bedeuten. Recall stellt jedoch sicher, dass der Test es erkennt, wenn Sie wirklich ein gesundheitliches Problem haben, und ein Fehlschlag hier eine Verzögerung bei der Inanspruchnahme der Intensivpflege bedeuten könnte.

Die Vernachlässigung dieser Kennzahlen bei Gesundheitsuntersuchungen oder einer prädiktiven Modellbewertung ist so, als würde man die Rauchmelder in Ihrem Zuhause ignorieren. Sicherlich gehen sie manchmal los, wenn Sie nur das Abendessen kochen (ein Mangel an Präzision), aber Sie möchten nicht, dass sie ein tatsächliches Feuer übersehen (ein Mangel an Erinnerung). Beide Szenarien haben

Konsequenzen – das eine löst unnötige Panik aus, das andere könnte katastrophale Folgen haben.

Beim maschinellen Lernen, wie auch im Gesundheitswesen, kommt es auf Ausgewogenheit an. Hohe Präzision bei geringem Rückruf könnte bedeuten, dass wir nicht weit genug greifen, um alle Fälle zu erfassen. Umgekehrt könnte ein hoher Rückruf bei geringer Präzision bedeuten, dass wir zu weit zielen und zu viele „falsche Positive" erkennen. Wenn man sich ausschließlich auf die Genauigkeit und den Gesamtprozentsatz korrekter Vorhersagen konzentriert, werden diese Probleme möglicherweise nicht aufgedeckt. Präzision und Erinnerung ermöglichen uns ein tieferes Verständnis und stellen sicher, dass unsere Modelle ihren Zweck effektiv erfüllen, genauso wie Gesundheitsuntersuchungen vertrauenswürdig sein müssen, um unser Wohlbefinden zu schützen.

Hier ist die Aufschlüsselung, wie Präzision und Erinnerung genau ermittelt werden, und beleuchtet ihre Rolle bei der Bewertung von Modellen des maschinellen Lernens:

- Präzisions- und Rückrufformeln:
- Präzision: Diese wird berechnet als die Anzahl der wahr-positiven Ergebnisse (TP) dividiert durch die Summe der wahr-positiven und falsch- positiven Ergebnisse (FP). Es ist ein Maß für die Genauigkeit eines Modells in Bezug auf positive Vorhersagen.
- Zur Erinnerung: Berechnen Sie dies, indem Sie die Anzahl der wahr-positiven Ergebnisse (TP) durch die Summe der wahr-positiven und falsch-negativen Ergebnisse (FN) dividieren. Es spiegelt die Fähigkeit des Modells wider, alle relevanten Instanzen zu identifizieren.

- Extrahieren von Metriken aus einer Verwirrungsmatrix:
- Eine Verwirrungsmatrix zeigt die Anzahl der vom Modell getroffenen TP-, TN-, FP- und FN-Vorhersagen an.
- Präzision und Rückruf werden aus dieser Matrix extrahiert und liefern ein quantifizierbares Maß für die Modellleistung.

- Schritt-für-Schritt-Beispiel: Genauigkeit des Diagnosetests:
- Angenommen, ein Test zum Nachweis einer Krankheit hat 100 richtig positive Ergebnisse (tatsächliche Fälle wurden korrekt identifiziert), 10 falsch positive Ergebnisse (gesunde Patienten wurden fälschlicherweise als erkrankt identifiziert) und 5 falsch negative Ergebnisse (tatsächliche Fälle wurden übersehen).
- Die Genauigkeit würde als 100 / (100 + 10) = 0,91 oder 91 % berechnet.
- Der Rückruf wäre 100 / (100 + 5) = 0,95 oder 95 %.

- Szenarien, die hohe Präzision oder Rückruf erfordern:
- Bei der Spam-Erkennung ist eine hohe Präzision entscheidend, um zu vermeiden, dass wichtige E-Mails als Spam eingestuft werden.
- Beim Krankheitsscreening ist ein hoher Recall von entscheidender Bedeutung, um sicherzustellen, dass alle Krankheitsfälle identifiziert werden.

- Auswirkung der Schwellenwertvariation:
- Das Ändern des Schwellenwerts, der bestimmt, ob ein Ergebnis als positiv oder negativ eingestuft wird, wirkt sich auf Präzision und Erinnerung aus.
- Eine Senkung des Schwellenwerts kann die Erinnerung erhöhen, aber die Präzision verringern und umgekehrt.

- Balance zwischen Präzision und Rückruf:

- Tools wie ROC (Receiver Operating Characteristic) und Precision-Recall-Kurven visualisieren den Kompromiss zwischen diesen Metriken bei verschiedenen Schwellenwerten.
- Diese Tools helfen bei der Auswahl des optimalen Schwellenwerts, der die Anforderungen an hohe Präzision und hohe Erinnerung in Einklang bringt.

Durch das Verständnis dieser Komponenten erhalten wir ein vollständiges Bild der Vorhersagefähigkeit eines Modells. Präzision und Rückruf sind wesentliche Teile im Puzzle der Modellevaluierung, die jeweils Erkenntnisse liefern, die dabei helfen, das Modell für eine zuverlässigere Verwendung in der realen Welt zu verfeinern. Dieses Gleichgewicht zwischen Präzision und Erinnerung ist das Herzstück der Erstellung von Vorhersagemodellen, die nicht nur funktionieren, sondern auch im Hinblick auf die praktischen Konsequenzen ihrer Verwendung funktionieren.

Zum Abschluss dieser Untersuchung zur Bewertung der Modelleffektivität wollen wir das von uns zusammengestellte Toolkit verstärken: Genauigkeit, Präzision, Rückruf und die Verwirrungsmatrix. Gemeinsam zeichnen sie ein facettenreiches Porträt der Modelleistung. Genauigkeit gibt uns die Momentaufnahme, einen kurzen Einblick in die Gesamtkorrektheit unseres Modells. Präzision und Erinnerung verleihen unserem Verständnis jedoch Tiefe; Einer stellt sicher, dass unser Modell nicht „Wolf schreit", der andere sorgt dafür, dass kein Stein auf dem anderen bleibt.

Die Verwirrungsmatrix fungiert als Eckpfeiler, als Quelle, aus der wir diese kraftvollen Erkenntnisse ziehen. Es ist das detaillierte Hauptbuch, das die Erfolge und Fehlschläge unserer Modellvorhersagen aufzeichnet und uns zu Präzision und Erinnerung führt und uns von potenziellen Vorurteilen oder blinden Flecken entfernt.

Jede dieser Kennzahlen spielt, wie Instrumente in einem Orchester, eine Rolle bei der Harmonisierung unserer Wahrnehmung der Wirksamkeit eines Modells. Sie zwingen uns, über den Tellerrand hinauszuschauen, um sicherzustellen, dass unsere Modelle nicht nur genau, sondern auch gerecht und zuverlässig sind. In einer Welt, in der zunehmend datengesteuerte Entscheidungen getroffen werden, ist diese umfassende Sichtweise nicht nur nützlich , sondern auch unerlässlich, um sicherzustellen, dass wir uns auf Modelle des maschinellen Lernens so fundiert und effektiv wie möglich verlassen.

MASCHINELLES LERNEN IN DER REALEN WELT

Sie können sich maschinelles Lernen als eine stille, aber zentrale Kraft vorstellen, ähnlich dem Bühnenteam eines Theaters. So wie die Crew fleißig hinter den Samtvorhängen arbeitet, um Szenen einzurichten, die Beleuchtung zu steuern und die unsichtbaren Details zu verwalten, die ein Stück zum Leben erwecken, agiert maschinelles Lernen im Hintergrund unseres täglichen Lebens und steuert meisterhaft die Technologien, die moderne Annehmlichkeiten ermöglichen . Vom Moment des Aufwachens über den Wecker Ihres Smartphones bis hin zu den Online-Empfehlungen, die Ihre Aufmerksamkeit erregen, ist maschinelles Lernen der Bühnenarbeiter, der dafür sorgt, dass die Show des Lebens reibungslos verläuft. Es prägt Ihre Erfahrung, oft ohne Vorankündigung, leise und doch deutlich. Begleiten Sie uns, wenn wir diese unbesungenen Helden ins Rampenlicht rücken und die komplizierten Funktionsweisen und tiefgreifenden Auswirkungen des maschinellen Lernens auf unsere Welt enthüllen. Lassen Sie uns den Vorhang öffnen und enthüllen, wie diese Algorithmen die nahtlose Ausführung unzähliger Aufgaben orchestrieren und unser Leben auf mehr Arten bereichern, als uns vielleicht bewusst ist.

Stellen Sie sich einen Detektiv vor, der über Beweise brütet und Hinweise zusammenfügt, um ein medizinisches Rätsel zu lösen. Dies ist heute die Realität im Gesundheitswesen, wo maschinelle Lernalgorithmen die Rolle von Detektiven übernehmen und Berge von Daten durchsuchen, um subtile Muster und Frühindikatoren für Krankheiten aufzudecken. So wie ein Detektiv mit scharfem Blick kleine Unregelmäßigkeiten erkennt, die der Schlüssel zur Aufklärung eines Falles sein könnten, identifizieren diese Algorithmen Warnzeichen in medizinischen Scans und Patientendaten, die dem menschlichen Auge entgehen könnten.

Jeder Algorithmus ist darauf trainiert, nach bestimmten Markierungen zu suchen, ähnlich wie beim Studium der besonderen Handschrift eines Verdächtigen. Beim Einsatz analysieren sie neue Daten und suchen nach diesen verräterischen Anzeichen. Das Ergebnis? Das Potenzial für eine frühzeitige Diagnose, wenn die Behandlung möglicherweise effektiver ist, und ein Weg zur personalisierten Medizin, bei der die Behandlungen auf die individuellen Merkmale der Erkrankung jedes Patienten zugeschnitten sind und so einzigartig sind wie die Lösung eines Detektivrätsels.

Dieser forensische Ansatz für Gesundheitsdaten kann einen entscheidenden Unterschied bei den Ergebnissen ausmachen und Ärzten helfen, schnell und genau zu handeln. Maschinelles Lernen verändert den Bereich der Diagnostik und Behandlung und bietet Werkzeuge, die dank der akribischen, datengesteuerten Detektivarbeit hinter den Kulissen mit der komplexen und sich weiterentwickelnden Landschaft der menschlichen Gesundheit Schritt halten können.

Hier ist die Aufschlüsselung zum Einsatz von Algorithmen für maschinelles Lernen im Gesundheitswesen:

- Häufig verwendete Arten von Algorithmen:
- Neuronale Netze: Komplexe Strukturen, die das menschliche Gehirn nachahmen und aus riesigen Datenmengen lernen, um Muster zu erkennen.
- Support Vector Machines: Algorithmen, die die beste Grenze zwischen Datenpunkten finden und diese kategorisieren, um Entscheidungsprozesse zu unterstützen.

- Schulung zu Patientendaten:
- Algorithmen werden mit großen Datensätzen gefüttert, darunter Patientenakten , Bilder und genetische Informationen.
- Sie lernen, indem sie ihre internen Parameter anpassen, um den Unterschied zwischen ihren Vorhersagen und den tatsächlichen Ergebnissen zu minimieren.

- Identifizierung von Anomalien und Mustern:
- Neuronale Netze können medizinische Bilder analysieren und Unregelmäßigkeiten erkennen, die auf Erkrankungen wie Tumore oder Frakturen hinweisen.
- Support-Vektor-Maschinen könnten genetische Daten auswerten, um Marker zu finden, die eine Krankheitsanfälligkeit oder ein Ansprechen auf Medikamente anzeigen.

- Integration in Entscheidungen im Gesundheitswesen:
- Einmal trainiert, können Algorithmen medizinisches Fachpersonal durch die Bereitstellung von Zweitmeinungen unterstützen.
- Ihre Ergebnisse werden zusammen mit dem Fachwissen eines Arztes berücksichtigt , um die besten diagnostischen und therapeutischen Wege zu bestimmen.

- Schritt-für-Schritt-Diagnosebeispiel:
- Die Bluttestdaten eines Patienten gehen in den Algorithmus

ein.

- Das neuronale Netzwerk verarbeitet die Informationen und erkennt potenzielle Tumormarker anhand erlernter Muster.

- Es wird ein Wahrscheinlichkeitswert für das Vorliegen von Krebs ausgegeben, der die Entscheidung des Arztes über weitere Tests oder Behandlungen unterstützt.

Durch diese Anwendungen des maschinellen Lernens können Gesundheitsdienstleister die Patientenversorgung verbessern, indem sie die Leistungsfähigkeit datengesteuerter Erkenntnisse nutzen, was zu früheren Diagnosen und personalisierteren Behandlungsplänen führt. Diese Kombination von Spitzentechnologie und traditionellem medizinischem Wissen ebnet den Weg für eine Ära verbesserter Gesundheitsergebnisse und zeigt die entscheidende Rolle des maschinellen Lernens bei der Transformation des Gesundheitswesens.

Bei der Finanzmodellierung sind Präzision und analytische Fähigkeiten von größter Bedeutung, vergleichbar mit einem Schachgroßmeister, der über seinen nächsten Zug nachdenkt. Jede Entscheidung im Finanzbereich wird wie jeder Zug auf dem Schachbrett durch ein tiefes Verständnis der aktuellen Situation und potenzieller Entwicklungen berechnet und fundiert. Maschinelles Lernen verleiht diesem Prozess die Fähigkeit, große Mengen an Marktdaten sorgfältig zu durchsuchen und zu analysieren, aufkommende Trends zu erkennen und Schwankungen mit erhöhter Genauigkeit vorherzusagen.

Die Algorithmen arbeiten mit strategischer Weitsicht und bewerten Risiken und Chancen so, wie ein Großmeister die Gefahren und Chancen verschiedener Figuren auf dem Spielbrett berücksichtigen würde. Diese fortschrittlichen

Modelle helfen Finanziers, sich in komplexen Märkten zurechtzufinden, genau wie ein erfahrener Schachspieler, der sich mit geübter Leichtigkeit und scharfer Intuition durch ein Spiel mit hohen Einsätzen manövriert. Durch diese Synergie von Daten, Berechnungen und Strategie verbessert maschinelles Lernen nicht nur die Präzision von Finanzanalysen, sondern verwandelt sie auch in eine anspruchsvolle Kunstform, die fundierte, strategische Entscheidungen an der Finanzfront vorantreibt.

Hier ist ein detaillierter Blick auf maschinelles Lernen in der Finanzmodellierung:

- Gängige Algorithmen in der Finanzmodellierung:
- Regressionsanalyse: Wird zur Aktienkursprognose verwendet, indem Beziehungen zwischen Variablen und Preisbewegungen identifiziert werden.
- Klassifizierungsalgorithmen: Werden bei der Kreditwürdigkeitsprüfung eingesetzt, um Bewerber in Risikogruppen einzuteilen.
- Clustering: Zur Marktsegmentierung durch Gruppierung ähnlicher Finanzprodukte oder Kunden.

- Schritte beim maschinellen Lernen für das Finanzwesen:
- Datenvorverarbeitung: Bereinigen und Organisieren von Rohmarktdaten zur Einspeisung in Modelle.
- Funktionsauswahl: Identifizieren, welche Faktoren oder Indikatoren (wie historische Preise oder Volumen) für die Vorhersage am relevantesten sind.
- Modelltraining: Anpassen der Algorithmusparameter, um aus den Daten zu lernen und Ergebnisse genau vorherzusagen.

- Pseudocode für Aktienkursvorhersage:

114

```
Historical_data = Load_data('stock_prices.csv')
Features, Labels = preprocess_data(historical_data)
trained_model = train_regression_ model( Features, Labels)
next_month_prediction = trainiertes_modell.predict (
neue_Daten)
```

- Entscheidungsprozess mit maschinellem Lernen:
- Bewertung von Investitionsmöglichkeiten: Verwendung von Vorhersagen und Risikobewertungen von Modellen des maschinellen Lernens zur Auswahl von Aktien.
-       Portfoliorisiko   verwalten: Zuweisung   von Vermögenswerten und Diversifizierung von Investitionen auf der Grundlage von Modellerkenntnissen, um das Risiko zu minimieren.

- Praktische Implikationen und Raffinesse:
- Algorithmen verarbeiten große Mengen an Finanzdaten und   führen   zu   fundierten   und   kalkulierten Anlageentscheidungen.
- Sie verbessern die Präzision und strategische Tiefe von Finanzanalysen und liefern erweiterte Erkenntnisse für das Portfoliomanagement.

Diese Schritte und Techniken zeigen das transformative Potenzial von Algorithmen für maschinelles Lernen für Finanzanalysen, erhöhen die Genauigkeit und ermöglichen strategische Planung in der komplexen Finanzwelt.

Stellen Sie sich einen erfahrenen Piloten vor, der gekonnt durch eine Vielzahl von Landschaften navigiert, von geschäftigen Stadtlandschaften bis hin zu ruhigen Landschaften. So wie der Pilot eine Reihe von Instrumenten nutzt, um das Gelände zu lesen und in Sekundenbruchteilen Entscheidungen zu treffen, ist maschinelles Lernen in autonomen Fahrzeugen auf eine Reihe von Sensoren und komplexe KI-Algorithmen angewiesen, um das Fahrzeug reibungslos zu steuern. Die Sensoren fungieren wie die Augen und Ohren des Piloten und erfassen Daten über Verkehr, Hindernisse und Straßenbedingungen. Diese Informationen werden dann von der KI schnell verarbeitet, ähnlich dem trainierten Gehirn eines Piloten, um fundierte und sichere Fahrentscheidungen zu treffen.

Jede Entscheidung, die das autonome Fahrzeug trifft, ob es die Geschwindigkeit anpasst, die Spur wechselt oder anhält, ist ein konzertierter Tanz zwischen den Eingaben der Sensoren und der Interpretation der KI – ähnlich wie ein Pilot auf Höhenmessungen oder Wetteraktualisierungen reagiert. Durch diese nahtlose Integration von Wahrnehmung und Aktion können selbstfahrende Autos sicher über unsere Straßen fahren. Sie spiegeln die elegante Choreografie zwischen einem Piloten und seinen Cockpit-Bedienelementen wider und sorgen so für eine sichere Reise durch die Lüfte oder auf der Straße. Diese Synergie ist das Herzstück der Rolle des maschinellen Lernens in autonomen Fahrzeugen und verkörpert die Verschmelzung von Technologie und Reaktionsfähigkeit, die uns in eine innovative Zukunft des Transportwesens führt.

Hier ist die detaillierte Aufschlüsselung der Komponenten, die zusammenkommen, um autonome Fahrzeuge Wirklichkeit werden zu lassen:

- Arten von Sensoren und erfassten Daten:
  - LIDAR: Erfasst eine 3D-Punktwolke der

Fahrzeugumgebung, um Objekte und deren Entfernungen zu erkennen.

- Kameras: Bieten visuelle Eingaben, die für die Erkennung von Verkehrszeichen, Signalen und Straßenmarkierungen von entscheidender Bedeutung sind.

- Radar: Bietet wichtige Informationen über die Geschwindigkeit und Position von Objekten und funktioniert gut bei schlechten Sichtverhältnissen.

- Ultraschallsensoren: Werden hauptsächlich zur Nahbereichserkennung verwendet und sind hilfreich beim Parken und Manövrieren auf engstem Raum.

- Modelle des maschinellen Lernens für die Datenverarbeitung:

- Convolutional Neural Networks (CNNs): Analysieren Sie Daten von Kameras, um visuelle Hinweise in der Fahrzeugumgebung zu identifizieren und zu kategorisieren.

- Wiederkehrende neuronale Netze (RNNs): Verarbeiten Sie Datensequenzen für die zeitliche Analyse, die zum Verständnis des Verkehrsflusses und der Fußgängerbewegung nützlich sind.

- Sensorfusionstechniken:

- Datenintegration: Kombiniert die vielfältigen Daten von Sensoren, um dem Fahrzeug eine zusammenhängende Echtzeitansicht seiner Umgebung zu geben.

- Kontextanalyse: Die fusionierten Daten werden interpretiert, um den Kontext zu verstehen, beispielsweise um zwischen einem stehenden und einem geparkten Auto zu unterscheiden.

- Entscheidungsfindung mit maschinellem Lernen:

- Entscheidungsalgorithmen: Nutzen Sie die verarbeiteten Daten, um Vorhersagen über potenzielle Verkehrsereignisse zu treffen und die entsprechende Aktion auszuwählen.

- Reinforcement Learning: Verwendet Strategien, die Versuch und Irrtum durch Simulation nutzen, um die Entscheidungsfindung des Fahrzeugs in verschiedenen Szenarien zu verfeinern.

- Kontinuierliches Lernen in autonomen Fahrzeugen:
- Algorithmusaktualisierungen: Mit der Zeit werden die maschinellen Lernmodelle des Fahrzeugs mit zunehmenden Fahrdaten aktualisiert, um die Genauigkeit und Sicherheit zu erhöhen.
- Praxisnahe Erfahrung: Fahrzeuge lernen aus jeder Fahrt und passen ihre Algorithmen an, um neue und komplexe Fahrbedingungen besser zu bewältigen.

Durch diese mehrschichtigen und miteinander verbundenen Systeme navigieren autonome Fahrzeuge auf den Straßen, indem sie die Kunst der auf maschinellem Lernen basierenden Wahrnehmung und Entscheidungsfindung beherrschen. Die Ausgereiftheit dieses Prozesses versetzt das Fahrzeug in die Lage, sich sicher und effizient zu verhalten , wodurch Kombinationen von Technologien entstehen, die den Sinnen und dem Urteilsvermögen eines Fahrers ähneln und gleichzeitig einen neuen Horizont im Transportwesen eröffnen.

Wenn es darum geht, personalisierte Erlebnisse zu kuratieren, ähneln Algorithmen einem Personal Shopper mit einem tadellosen Gedächtnis für Ihren Geschmack und Ihre Vorlieben. So wie sich ein Käufer daran erinnert, dass Sie kräftige Farben lieben, aber High Heels meiden, verfolgen Algorithmen Ihre Interaktionen sowie die Klicks, Aufrufe und die Zeit, die Sie für verschiedene Artikel oder Inhalte aufgewendet haben. Sie analysieren Muster in Ihrem Verhalten und übersetzen sie in ein digitales Profil, das so einzigartig ist wie Ihr Fingerabdruck.

Ausgestattet mit diesem Wissen sichten sie die überwältigende Menge an verfügbaren Optionen und präsentieren Ihnen Entscheidungen, die bei Ihnen am wahrscheinlichsten Anklang finden. Das können die neuesten Modeartikel sein, von denen man annimmt, dass sie Ihnen gefallen werden , oder eine Filmauswahl, die auf Ihre Interessen zugeschnitten ist. Ihr oberstes Ziel ist es, Ihr Erlebnis dadurch zu verbessern, dass es sich anfühlt, als wäre alles nur für Sie handverlesen.

Dieser Prozess ist von entscheidender Bedeutung, da er Ihnen nicht nur Zeit spart, sondern Ihnen auch Möglichkeiten eröffnet, die Sie möglicherweise nicht selbst entdeckt hätten. Algorithmen lernen und passen sich im Laufe der Zeit an und passen ihre Empfehlungen an die Entwicklung Ihres Geschmacks an. Auf diese Weise stellen sie sicher, dass sich jeder Vorschlag frisch und relevant anfühlt, und helfen Ihnen, mit der Leichtigkeit eines Freundes, der genau weiß, was Ihnen gefällt, durch die riesige Auswahl zu navigieren.

Lassen Sie uns näher auf das Thema Empfehlungsalgorithmen eingehen und darauf, wie sie Erfahrungen schaffen, die so personalisiert sind wie ein maßgeschneiderter Anzug:

- Datensammlung:
– Diese Algorithmen beginnen mit der Aufzeichnung von Interaktionen: welche Elemente Sie anklicken, wie lange Sie bestimmte Seiten ansehen und Ihren Suchverlauf.

- Merkmalsextraktion:
- Als nächstes wandeln sie Rohdatenpunkte wie Time-on-

Page und Klickmuster in aussagekräftige Funktionen um, die Benutzerverhalten und -präferenzen erfassen.

- Modelle für maschinelles Lernen für Empfehlungen:
- Kollaboratives Filtern: Dieses Modell untersucht Muster des Benutzerverhaltens, um Artikel zu empfehlen, die ähnlichen Benutzern gefallen.
- Inhaltsbasierte Filterung: Hier liegt der Fokus auf den Eigenschaften der Artikel selbst und empfiehlt Produkte, die denen ähneln , die dem Benutzer zuvor gefallen haben.

- Pseudocode-Beispiel für Kleidungsempfehlungen:

```
user_clicks = track_user_clicks(user_id)
user_views = track_page_views(user_id)
empfohlene_items = []
wenn user_clicks und user_views:
Features = extract_features ( user_clicks, user_views)
empfohlene_items = collaborative_filtering(features)
Artikel zurückgeben
```

- Rückkopplungsschleifen:
- Algorithmen lernen ständig aus Benutzeraktionen. Wenn ein Nutzer eine Empfehlung ignoriert, ist das ein Signal. Es optimiert sein Modell, um es besser an den sich entwickelnden Stil und die Vorlieben des Benutzers anzupassen.

Bei jedem Schritt besteht das Ziel des Algorithmus darin, mit digitaler Intuition den Geschmack zu erkennen und sein Vorschlagsgeflecht so nahtlos anzupassen wie ein Schneider, der ein Kleidungsstück ändert. Dieser fortlaufende Prozess stellt sicher, dass sich die Benutzer verstanden fühlen und ihre Erfahrungen stets frisch und ansprechend wirken.

DeepMinds Vorstoß in die KI im Gesundheitswesen stellt eine überzeugende Fallstudie zur Anwendung fortschrittlicher Technologie auf reale Herausforderungen dar. Ausgehend von dem Ziel, Ärzte bei der Früherkennung von Krankheiten durch die Analyse medizinischer Bilder zu unterstützen, stand die KI vor der gewaltigen Aufgabe, zu lernen, diese Bilder mit der gleichen Präzision zu interpretieren wie spezialisierte medizinische Fachkräfte. Zunächst musste die KI sorgfältig anhand riesiger Datensätze kommentierter Bilder trainiert werden, die jeweils mit Expertendiagnosen versehen waren, um die subtilen Muster zu lernen, die auf bestimmte Erkrankungen hinweisen.

Die Reise war voller Herausforderungen, einschließlich der Notwendigkeit tadellos genauer Algorithmen und der Tatsache, dass jede Fehldiagnose schwerwiegende Folgen haben könnte, sowie des Umgangs mit äußerst sensiblen Patientendaten mit größter Sorgfalt und Vertraulichkeit. Trotz dieser Hürden waren die Ergebnisse vielversprechend. Die KI lernte, Anzeichen von Krankheiten wie diabetischer Retinopathie und altersbedingter Makuladegeneration mit einer Genauigkeit zu erkennen, die der von menschlichen Experten entspricht.

Diese Fallstudie unterstreicht nicht nur die ausgereifte Fähigkeit des maschinellen Lernens bei der Interpretation komplexer medizinischer Daten, sondern auch sein Potenzial, die Arbeit von Gesundheitsdienstleistern zu unterstützen und zu verbessern. Es zeigt uns eine Zukunft, in der KI und menschliches Fachwissen zusammenarbeiten und neue Effizienzen und Erkenntnisse zur Verbesserung der Patientenversorgung und -ergebnisse hervorbringen.

Das Gesundheits-KI-Projekt von DeepMind ist ein bemerkenswertes Beispiel für die Anwendung fortschrittlicher Technologie in der medizinischen Diagnostik. Im Folgenden finden Sie eine Aufschlüsselung der technischen Aspekte:

- Trainingstechniken:
- Die KI setzte überwachtes Lernen ein und stützte sich dabei stark auf Convolutional Neural Networks (CNNs), die sich aufgrund ihrer Fähigkeit, Muster und Strukturen in Bildern zu erkennen, bei der Interpretation visueller Daten auszeichnen.

- Bildanmerkungsqualität:
- Zum Training der KI wurden hochwertige, von Experten kommentierte Bilder verwendet, die als grundlegender Maßstab für das Erlernen genauer Diagnosemuster dienten.
- Dieser hohe Standard der Annotation stellte sicher, dass die CNNs zwischen kleinsten Details innerhalb der medizinischen Bilder unterscheiden konnten.

- Modellverfeinerung:
- Das Projekt umfasste einen iterativen Prozess zur Verfeinerung der KI-Modelle und zur kontinuierlichen Anpassung der Parameter, um die klinische Genauigkeit zu verbessern und strenge medizinische Standards zu erfüllen.

- Herausforderungen meistern:
– Die KI musste lernen, subtile Variationen zu unterscheiden, beispielsweise gutartige von bösartigen Mustern

zu unterscheiden, was erweiterte Funktionen zur Merkmalserkennung und -extraktion erforderte.

- Leistungskennzahlen:
- Sensitivität und Spezifität gehörten zu den berechneten Metriken zur Bewertung der Leistung.
- Die Messwerte wurden streng anhand der von erfahrenen Ärzten bereitgestellten Ergebnisse und Diagnosen validiert, um die operative Wirksamkeit der KI sicherzustellen.

- Datenschutz und Sicherheit:
- Das Projekt befolgte robuste Datenschutzrahmen und Sicherheitspraktiken zum Schutz sensibler Patienteninformationen, einschließlich Verschlüsselung und Zugriffskontrollen.

Dieser detaillierte Blick auf die Gesundheits-KI von DeepMind beleuchtet den komplexen Prozess, der beim Training anspruchsvoller Modelle erforderlich ist, die in der Lage sind, medizinische Daten präzise zu interpretieren und möglicherweise den Bereich der medizinischen Diagnostik zu revolutionieren. Es demonstriert die Synergie zwischen Fachwissen und künstlicher Intelligenz und ebnet den Weg für die Integration von KI in das Gesundheitswesen.

Maschinelles Lernen gilt als eine der transformativsten Kräfte unserer Zeit, die Branchen im Stillen umgestaltet und unsere täglichen Erfahrungen verbessert. Sein Einfluss reicht vom Gesundheitswesen, wo es Diagnosetools ermöglicht, die Krankheiten früher erkennen können, bis hin zum Finanzwesen, wo es Muster aufdeckt, die dazu beitragen, unsere

Transaktionen vor Betrug zu schützen. Es dringt in unsere Autos ein, steuert die Technologie für selbstfahrendes Fahren und kuratiert die Inhalte, die wir genießen, von der Musik, die wir hören, bis zu den Shows, die wir uns anschauen.

An jedem Berührungspunkt arbeitet maschinelles Lernen unermüdlich und oft unbemerkt daran, unsere Interaktionen zu personalisieren und zu verbessern. Es ist der stille Partner, ein Hintergrund-Orchestrator, der den gewaltigen Lärm von Big Data in die harmonischen Rhythmen einer maßgeschneiderten Benutzererfahrung einfügt. Diese Technologie bietet nicht nur schrittweise Verbesserungen, sondern oft auch ganz neue Möglichkeiten, die nicht nur unsere Erwartungen an unsere Dienstleistungen und Produkte verändern, sondern auch die Art und Weise, wie wir mit der Welt um uns herum interagieren. Während wir sein Potenzial weiterhin ausschöpfen, verspricht maschinelles Lernen, noch mehr Türen zu öffnen und uns in eine Ära zu führen, in der sich unsere digitalen Erfahrungen genauso natürlich und intuitiv anfühlen wie unsere Interaktionen in der physischen Welt.

DIE ZUKUNFT DES MASCHINELLEN LERNENS

Ich möchte, dass Sie sich einen Moment in der Geschichte vorstellen, als die erste Glühbirne zum Leben erwachte; Es war mehr als nur eine Flamme in einem Glas – es war die Geburt einer neuen Ära. Maschinelles Lernen birgt ein ähnliches transformatives Versprechen für unsere Zukunft, vergleichbar mit den Anfängen der Elektrizität. Diese neue Welle intelligenter Datenverarbeitung ist bereit, die dunklen, unbekannten Gebiete der Daten zu erhellen und sie in Landschaften voller Erkenntnisse zu verwandeln, die so leicht zugänglich sind, wie das Umlegen eines Schalters.

Es ist ein Werkzeug, ein Vermittler, ein Wegbereiter, der, wenn er genutzt wird, Branchen optimieren, das verborgene Potenzial von Daten erschließen und Erlebnisse schaffen kann, die so personalisiert sind wie Ihre Signatur. So wie Elektrizität es der Menschheit ermöglicht hat, effizienter zu arbeiten, zu spielen und zu leben, ist maschinelles Lernen bereit, die Grenzen dessen, was unsere Technologien erreichen können, neu zu definieren. Während wir am Rande dieser aufregenden Grenze stehen, wollen wir uns auf den Weg machen, ihre Mechanismen klar zu verstehen und ihre Implikationen gründlich zu verstehen, um uns darauf vorzubereiten, diese elektrisierende Zukunft zu steuern und zu gestalten.

So wie Durchbrüche in der medizinischen Forschung zu neuen Behandlungen führen, die Leben retten, hat die Entwicklung immer ausgefeilterer Algorithmen das Potenzial, neue Meilensteine auf dem Gebiet der künstlichen Intelligenz zu markieren. Wenn wir uns Basisalgorithmen als generische rezeptfreie Medikamente zur Behandlung häufiger Symptome vorstellen, dann sind fortgeschrittene Algorithmen die Spezialrezepte für komplexere Erkrankungen. Diese fortschrittlichen Algorithmen können mehr Daten verarbeiten, präziser daraus lernen und Entscheidungen differenzierter und verständlicher treffen.

Mit der Verfeinerung algorithmischer Techniken erweitern sie die Fähigkeiten der KI über Routineaufgaben hinaus und ermöglichen es Maschinen, Herausforderungen zu bewältigen, die eine gründliche Analyse und Intuition erfordern – früher die ausschließliche Domäne des menschlichen Intellekts. Dieser Sprung nach vorn könnte alles revolutionieren, von der Art und Weise, wie wir fahren, bis hin zur Diagnose von Krankheiten, ähnlich wie Penicillin die Gesundheitsversorgung verändert hat. Es ist eine Reise an die Spitze der technologischen Innovation, bei der jeder Schritt einen Schritt näher an eine Zukunft mit ungeahnten Möglichkeiten bringt. Mit diesen fortschrittlichen Algorithmen verbessern wir nicht nur die KI; Wir erweitern das eigentliche Gefüge dessen, was es leisten kann, und öffnen Türen zu einer Welt, in der Maschinen ihre Umgebung verstehen und mit einer fast menschenähnlichen Beweglichkeit interagieren.

Lassen Sie uns näher auf die außergewöhnlichen Beiträge eingehen, die hochentwickelte Algorithmen im Bereich der KI leisten, ähnlich wie auf die Durchbrüche in der medizinischen Wissenschaft, die neue Türen zu Gesundheit und Langlebigkeit geöffnet haben. Deep Learning und neuronale Netze stehen im

Mittelpunkt dieser Entwicklung und verarbeiten Informationen mit einer Präzision, die den scharfsinnigsten menschlichen Verstand widerspiegelt. Diese Algorithmen zeichnen sich dadurch aus, dass sie komplexe Muster aus großen und vielfältigen Datensätzen identifizieren und riesige Datenmengen schnell und genau in umsetzbare Erkenntnisse umwandeln.

Im Bereich autonomer Fahrzeuge fungieren fortschrittliche neuronale Netze als Navigatoren, die Echtzeiteingaben von einer Reihe von Sensoren verarbeiten, um unmittelbare Fahrentscheidungen zu treffen, die ebenso lebensgefährlich sind wie Entscheidungen im Operationssaal. Im Gesundheitswesen werden Deep-Learning-Algorithmen zu einem integralen Bestandteil bei der Entwicklung personalisierter Behandlungspläne und analysieren die genetische Ausstattung eines Patienten mit der sorgfältigen Sorgfalt eines erfahrenen Genetikers.

Das Aufkommen neuartiger Algorithmen ähnelt bahnbrechenden chirurgischen Techniken, da sie in dynamischen Umgebungen lernen, sich anpassen und Entscheidungen treffen, was alles aufgrund des modernen Datenüberflusses und der Rechenleistung möglich ist. Diese Fortschritte stellen keine bloßen Schritte dar, sondern Sprünge in den Fähigkeiten der KI und deuten auf eine nahe Zukunft hin, in der die Rolle der Technologie in der Gesellschaft ebenso verankert und wesentlich sein wird wie Elektrizität oder das Internet. Durch diese Innovationen wird die KI das Gefüge unseres täglichen Lebens neu definieren und einen Horizont voller intelligenterer Städte, gesünderer Bevölkerungen und effizienterer Industrien versprechen.

So wie die für die Weltraumforschung entwickelten Raketentriebwerke und Materialtechnologien es uns ermöglichten, die Erdatmosphäre zu durchbrechen und den Kosmos zu erforschen, werden zukünftige Fortschritte in der Hardware das maschinelle Lernen auf beispiellose Höhen treiben. Die kommenden Generationen von Prozessoren und Computerarchitekturen könnten die nötige Geschwindigkeit und Kapazität bieten, um Probleme zu bewältigen, die derzeit außerhalb unserer Reichweite liegen. Stellen Sie sich das wie den Bau eines Space Shuttles vor, das zu tieferen kosmischen Reisen fähig ist: Verbesserte Hardware führt zu komplexeren Berechnungen und ermöglicht es Modellen des maschinellen Lernens, Daten in einem Ausmaß und mit Geschwindigkeiten zu verarbeiten und daraus zu lernen, die bisher unvorstellbar waren.

Mit größerer Rechenleistung kann KI tiefer in das Meer der Big Data eintauchen, Muster analysieren und Vorhersagen mit faszinierender Komplexität und Genauigkeit treffen. Dies bedeutet ausgefeiltere Simulationen, Datenverarbeitung in Echtzeit und die Möglichkeit, die Unsicherheit und Variabilität der realen Welt genauer zu modellieren. Diese Hardware-Fortschritte sind ein wesentlicher Bestandteil der nächsten Fortschritte in der KI – sie läuten eine Ära ein, in der Maschinen bei den kompliziertesten Aufgaben helfen können, von der Vorhersage von Klimamustern bis hin zur Automatisierung komplizierter chirurgischer Eingriffe. Es ist der Raketentreibstoff, der maschinelles Lernen in eine Zukunft katapultiert, in der seine Wirkung nur durch unsere Vorstellungskraft begrenzt ist.

Schauen wir uns Komponente für Komponente an, wie die Zukunft der Hardware die Entwicklung des maschinellen Lernens beeinflussen wird:

- Aktuelle Hardware-Einschränkungen:

- Prozessorgeschwindigkeiten: Aktuelle CPUs können bei der Verarbeitung der riesigen Datensätze, die einige Modelle für maschinelles Lernen erfordern, verzögert sein.
- Datenspeicherkapazitäten: Angesichts der ständig wachsenden Datenmengen muss die Speichertechnologie mithalten, um diese Informationen effizient zu speichern.

- Verbesserungen des Chipdesigns:
- GPUs (Graphics Processing Units): Ursprünglich für die Verarbeitung visueller Daten konzipiert, spielen GPUs aufgrund ihrer parallelen Verarbeitungsfähigkeiten heute eine zentrale Rolle bei der Verarbeitung komplexer Algorithmen für maschinelles Lernen.
- TPUs (Tensor Processing Units): TPUs wurden speziell für Tensorberechnungen entwickelt und sind darauf zugeschnitten, die Arbeitsbelastung maschineller Lernaufgaben zu beschleunigen, wodurch sie wesentlich schneller als herkömmliche Prozessoren sind.

- Quanten-Computing:
– Quantencomputing verspricht, Berechnungen mit nach heutigen Maßstäben unvorstellbaren Geschwindigkeiten durchzuführen und möglicherweise komplexe Optimierungs- und Kryptografieherausforderungen zu meistern, mit denen aktuelle Algorithmen zu kämpfen haben.

- Fortschritte bei neuronalen Netzwerken:
- Hochentwickelte Hardware: Durch die Entwicklung der Hardware können neuronale Netze mehr Schichten und Neuronen ausführen, was zu einer exponentiellen Steigerung der Lern- und Vorhersageleistung führt.
- Durchbrüche in KI-Bereichen: Verbesserte Hardware wird erweiterte neuronale Netzwerkfunktionen unterstützen und den Fortschritt in der Verarbeitung natürlicher Sprache, Computer

Vision und darüber hinaus vorantreiben.

- Auswirkungen auf die reale Welt:
- Medizinischer Bereich: Schnellere Prozessoren und verbesserte Speicherung werden Big-Data-Analysen in der Genomik für personalisierte Medizin und schnellere, genauere Diagnosetools erleichtern.
- Klimawissenschaft: Hochleistungsrechnen könnte die Klimamodellierung verbessern, detaillierte Simulationen ermöglichen und dabei helfen, wirksamere Strategien gegen den Klimawandel zu entwickeln.

Der Zusammenhang zwischen Hardware-Fortschritten und Fortschritten beim maschinellen Lernen ist unbestreitbar. Je robuster die Hardware wird, desto ausgefeilter werden die Modelle des maschinellen Lernens und erschließen neue Potenziale in einem sich gegenseitig verstärkenden Zyklus, der uns in eine Zukunft mit KI-Ergänzung treibt.

So wie Smartphones die Art und Weise, wie wir uns verbinden und kommunizieren, revolutioniert haben und uns mühelos über Kontinente und Kulturen hinweg verbinden, so verändert auch Deep Learning die Landschaft der künstlichen Intelligenz. Deep-Learning-Algorithmen sind die Smartphones der KI, vielseitige und leistungsstarke Tools, die das Mögliche neu definiert haben. Diese Algorithmen sind in der Lage, riesige Datenmengen zu verarbeiten und daraus zu lernen, indem sie Muster erkennen, die für das menschliche Auge zu subtil sind, ähnlich wie Smartphones neue Möglichkeiten der Interaktion eröffneten , die über die Grenzen herkömmlicher Telefonanrufe hinausgingen.

So wie Smartphones ein Telefon, eine Kamera, eine Karte

und mehr in einem Gerät vereinten , vereint Deep Learning mehrere Schichten neuronaler Netze, um komplexe Eingaben zu verstehen und differenzierte Ausgaben zu erzeugen. Dies ermöglicht es der KI, Aufgaben zu erfüllen, die von der Erkennung von Gesichtern in einer Menschenmenge bis hin zur Übersetzung von Sprachen in Echtzeit reichen, und stärkt so ihre Rolle in unserem täglichen Leben. Diese Fortschritte beim Deep Learning bedeuten einen entscheidenden Wandel der KI-Fähigkeiten und treiben uns in eine Zukunft, in der intelligente Maschinen nicht nur eine Neuheit, sondern ein allgegenwärtiger Teil der Gesellschaft sind und nahtlos in unsere Lebens- und Arbeitsweise integriert sind.

Hier ist die Aufschlüsselung der komplizierten Komponenten von Deep Learning und wie sie zusammenkommen, um KI anzutreiben, ähnlich wie die Multifunktionalität eines Smartphones:

- Neuronale Netzwerkarchitektur:
- Eingabeschicht: Hier empfängt der Algorithmus Rohdaten in verschiedenen Formen, wie Bildern oder Text.
- Verborgene Ebenen: Mehrere Ebenen, in denen die Daten mithilfe von Gewichtungen und Verzerrungen transformiert werden, ähnlich wie bei den internen Schaltkreisen eines Smartphones, die funktionieren, wenn Sie auf eine App tippen.
- Ausgabeschicht: Erzeugt das Endergebnis , z. B. eine Klassifizierung oder Vorhersage, das für den Benutzer oder andere Systeme bereitsteht, um Maßnahmen zu ergreifen.

- Trainingsprozess:
- Beschriftete Datensätze: Neuronale Netze werden anhand großer Mengen vorkategorisierter Daten trainiert und lernen so, Muster und Beziehungen zu erkennen.
- Backpropagation: Ein Algorithmus zur iterativen

Anpassung der Gewichtungen und Verzerrungen des Netzwerks, um Vorhersagefehler zu minimieren und das Netzwerk so zu optimieren, als würde man eine App aktualisieren, um eine bessere Leistung zu erzielen.

- Spezifische Anwendungen:
- Verarbeitung natürlicher Sprache: Ermöglicht Chatbots, menschliche Sprache mit Kontext und Relevanz zu verstehen und darauf zu reagieren.
- Bilderkennung: Ermöglicht Sicherheitssystemen die Erkennung und Identifizierung von Objekten oder Unregelmäßigkeiten mit einer Genauigkeit, die die menschlichen Fähigkeiten übertrifft.

- Schlussfolgerungen aus Daten ziehen:
- Datenanalyse: Deep-Learning-Algorithmen analysieren Datenpunkte mit Finesse und identifizieren subtile Muster und Nuancen, so wie ein Benutzer vertraute Symbole auf einem Smartphone-Bildschirm erkennen würde.
- Entscheidungsfindung: Sie ziehen Schlussfolgerungen, synthetisieren Daten aus verschiedenen Quellen und liefern Ergebnisse, die komplex und detailliert, aber dennoch intuitiv zu verstehen sind.

Die Ausgereiftheit des Deep Learning stellt, ähnlich wie der Technologiesprung von Feature-Phones zu Smartphones, einen erheblichen Fortschritt in der Leistungsfähigkeit von KI-Algorithmen dar. Es ist ein Beweis für die transformative Kraft, die darin liegt, Einfachheit auf Komplexität zu schichten, Maschinen in die Lage zu versetzen, Aufgaben auszuführen, die einst menschliche Einsicht erforderten, und dabei die Landschaft der Möglichkeiten zu verändern.

Während sich die KI weiterhin in das Gefüge der Gesellschaft einfügt, bringt sie eine Reihe ethischer Dilemmata und Datenschutzbedenken mit sich, die sorgfältige Aufmerksamkeit erfordern, ähnlich wie die Auswirkungen auf die Umwelt bei der Stadtentwicklung berücksichtigt werden müssen. Wenn wir Wolkenkratzer und weitläufige Stadtkomplexe bauen, müssen wir den Nutzen gegen den möglichen Schaden für unser Ökosystem abwägen. Während wir KI-Technologien vorantreiben, die in der Lage sind, personenbezogene Daten zu durchsuchen und Entscheidungen zu treffen, die sich auf den Lebensunterhalt einer Person auswirken könnten, müssen wir auch wachsam gegenüber den Moralkodizes bleiben, die diese Systeme regeln, und gegenüber der Privatsphäre der Personen, denen sie dienen.

Ethische Überlegungen umfassen die Gewährleistung von Fairness und unvoreingenommener Entscheidungsfindung, insbesondere in KI-Systemen, die für entscheidende Urteile in der Strafjustiz, bei der Einstellung oder Kreditvergabe verantwortlich sind. Datenschutzbedenken betreffen die Art und Weise, wie wir die riesigen Datenmengen verwalten und schützen, die diese Systeme zum Lernen verwenden. Es geht darum, das Vertrauen der KI-Nutzer aufrechtzuerhalten, indem ihre Informationen vor Missbrauch geschützt werden, so wie eine sichere Stadtplanung das Wohlergehen der Bewohner gewährleistet.

Sowohl die KI-Erweiterung als auch das Stadtwachstum versprechen Fortschritt, aber nur wenn sie mit der Verpflichtung zu ethischer Integrität und der Wahrung individueller Rechte umgesetzt werden, verbessern sie die Welt verantwortungsvoll. Die Bewältigung dieser vielschichtigen Herausforderungen ist ebenso komplex wie lebenswichtig und bildet die Grundlage für die weitere Entwicklung und Integration von KI in unser tägliches Leben.

Lassen Sie uns näher auf die komplizierten ethischen Überlegungen und Datenschutzbedenken eingehen, die mit der Weiterentwicklung der künstlichen Intelligenz (KI) einhergehen:

- Ethische Dilemmata in der KI:
    - Voreingenommene Entscheidungsfindung: KI-Algorithmen können unbeabsichtigt soziale Ungleichheiten aufrechterhalten oder verschärfen, wenn sie nicht sorgfältig darauf ausgelegt sind, Voreingenommenheit zu verhindern.
- Messung der Fairness: Techniken wie algorithmische Audits und Folgenabschätzungen können implementiert werden, um Vorurteile in KI-Systemen zu erkennen und zu korrigieren.
- Bedeutung der Transparenz: Offenheit in KI-Prozessen, einschließlich der Erklärbarkeit algorithmischer Entscheidungen, ist entscheidend für das Vertrauen und das Verständnis der Benutzer.

- Datenschutztechniken:
    - Verschlüsselung: Sicherung von Daten durch Verschlüsselung, sodass sie für Unbefugte unzugänglich sind.
    - Differential Privacy: Implementierung statistischer Techniken, um sicherzustellen, dass KI-Systeme die Privatsphäre des Einzelnen bei der Untersuchung großer Datensätze nicht gefährden können.

- KI-Governance:
    - Gesetze und Vorschriften: Entwicklung rechtlicher Rahmenbedingungen, die akzeptable Praktiken bei der KI-Entwicklung und -Nutzung vorschreiben.
    - Ethische Rahmenbedingungen: Einhaltung von Grundsätzen, die den ethischen Einsatz von KI fördern,

einschließlich der Achtung der Menschenrechte und demokratischer Werte.

- Rolle von Ethikausschüssen und Wachhunden: Einrichtung unabhängiger Gremien, die KI-Praktiken überwachen, um sicherzustellen, dass sie mit gesellschaftlichen Normen und Ethik im Einklang stehen.

- Öffentliches Vertrauen in KI:
- Vertrauen ist die Grundlage für die breite Akzeptanz von KI, ähnlich dem Vertrauen, das Gemeinden in eine Stadtentwicklung haben müssen, die den Umweltschutz respektiert.
– Um dieses Vertrauen aufrechtzuerhalten, sind sorgfältige Anstrengungen zur Aufrechterhaltung ethischer Praktiken und zum Schutz der Privatsphäre bei allen KI-Anwendungen erforderlich.

Durch die Untersuchung dieser Komponenten können wir den vielschichtigen Ansatz erkennen, der erforderlich ist, um die ethischen und datenschutzbezogenen Herausforderungen anzugehen, die KI mit sich bringt. Solche Maßnahmen sind unerlässlich, um ein Umfeld zu schaffen, in dem KI verantwortungsvoll und im Einklang mit den Werten und Erwartungen der Gesellschaft gedeihen kann.

Stellen Sie sich vor, Sie würden in einer Welt aufwachen, in der maschinelles Lernen genauso in unseren Alltag eingebunden ist wie heute das Internet. Es ist ein Tool, das Ihren Tag wie ein aufmerksamer Assistent plant, eine Lernplattform, die den Unterricht an Ihre wachsenden Kenntnisse anpasst, und ein Entertainer, der genau weiß, was Ihre Stimmung heben wird. In dieser Zukunft könnte maschinelles Lernen der Koch sein, der Ihre Ernährung kennt, der Personal Trainer, der Sie genau auf das richtige Maß antreibt, und der Einkaufsratgeber, der sich an

Ihre Größe und Ihren Stil erinnert.

So wie das Internet ein Fenster zu grenzenlosen Informationen öffnete, wird maschinelles Lernen auf Knopfdruck Türen zu intuitiven, personalisierten Erlebnissen öffnen, um Aufgaben und Entscheidungen zu optimieren, von alltäglichen bis hin zu komplexen. Es hat das Potenzial, eine nahtlose Ebene unserer Existenz zu werden, die Art und Weise zu verbessern, wie wir mit der Welt um uns herum interagieren und das Leben nicht nur effizienter, sondern auch besser auf unser individuelles Leben und unsere Bedürfnisse abgestimmt zu machen.

Hier ist die Aufschlüsselung der Technologien und Prozesse, die maschinelles Lernen nutzt, um unsere täglichen Aktivitäten zu verbessern, ähnlich wie das Internet zu einem wesentlichen Bestandteil unseres Lebens geworden ist:

- Datenerfassungsmethoden:
- Sensordaten: Sammeln von Informationen von IoT-Geräten, um Benutzerverhalten und Umgebungsfaktoren zu lernen.
-      Benutzerinteraktionen: Verfolgung   von Aktivitätsprotokollen, z. B. App-Nutzung und Online-Surfgewohnheiten.

- Arten von Modellen für maschinelles Lernen:
- Überwachtes Lernen: Verwendet beschriftete Daten, um Modellen beizubringen, Ergebnisse aus gegebenen Eingaben vorherzusagen, ideal für Aufgaben wie die Spracherkennung in persönlichen Assistenten.
- Unüberwachtes Lernen: Erkennt Muster und Beziehungen in Daten ohne spezifische Anleitung, ideal zum Ermitteln von

Benutzerpräferenzen in Streaming-Diensten.

- Verstärkung des Lernens in der Bildung:
- Passt Lerninhalte als Reaktion auf die Interaktionen und das Feedback der Schüler an.
- Passt das Tempo und die Komplexität des Materials an den individuellen Lernverlauf an.

- Prädiktive Analysen für Unterhaltung:
- Analysiert früheres Verhalten, um Filme, Musik und Bücher entsprechend den Benutzerinteressen zu empfehlen.
- Verwendet Algorithmen, die Empfehlungen bei jeder Interaktion verfeinern und so eine stärkere Personalisierung ermöglichen.

- Maschinelles Lernen in Smart-Home-Geräten:
- Intelligente Küchengeräte: Lernen Sie Ernährungspräferenzen kennen, um Rezepte vorzuschlagen und Einkaufslisten zu verwalten.
- Sprachaktivierte Systeme: Beobachten Sie tägliche Abläufe, um rechtzeitige Erinnerungen bereitzustellen und Zeitpläne zu optimieren.

- E-Commerce- und Einkaufspräferenzen:
- Empfehlungssysteme: Nutzen Sie vergangene Kaufdaten, um Produkte hervorzuheben, die auf die Vorlieben des Käufers zugeschnitten sind.
- Kundendienst-Bots: Bieten Sie personalisierte Unterstützung, indem Sie frühere Kundeninteraktionen verstehen.

- Benutzeroberfläche und Datenschutz:

- Konversations-UIs ermöglichen eine natürliche Interaktion mit KI-gestützten Diensten.
- Verschlüsselungs- und Anonymitäts-Frameworks schützen Benutzerdaten vor unbefugtem Zugriff.

Die Konvergenz dieser Komponenten innerhalb der KI-Technologien schafft eine Zukunft, in der unsere Geräte uns verstehen und präzise auf unsere Bedürfnisse eingehen. Diese Synergie zwischen maschinellem Lernen und unseren Lebensstilentscheidungen zeichnet ein Bild einer maßgeschneiderten Zukunft, die mit den individuellen Rhythmen unseres täglichen Lebens im Einklang steht.

Im Bereich des maschinellen Lernens ist Geoffrey Hintons bahnbrechende Forschung ein Beweis für das Potenzial, das in neuronalen Netzen steckt, ähnlich wie die Entschlüsselung des menschlichen Genoms eine neue Ära medizinischer Durchbrüche einläutete. Diese Grundlage des Deep Learning treibt Technologien wie selbstfahrende Autos voran, die aus riesigen Datenmengen lernen, wie sie sich wie erfahrene Fahrer auf unseren Straßen zurechtfinden. Das Quantencomputing verspricht einen weiteren Sprung nach vorn, da es möglicherweise Daten mit Geschwindigkeiten verarbeitet, die so schnell sind, dass sie die aktuelle Computertechnik in den Schatten stellen würden wie ein Hochgeschwindigkeitszug, der eine Pferdekutsche überholt.

Diese Fortschritte deuten auf eine Gesellschaft hin, in der die Bequemlichkeit der Automatisierung alltäglich ist und in der die Feinheiten von Daten mit erstaunlicher Geschwindigkeit entwirrt werden. Unser tägliches Leben, von den Wegen, die wir nehmen, über die Waren, die wir konsumieren, bis hin zu den Entscheidungen, die wir treffen, könnte allesamt von intelligenten Algorithmen beeinflusst werden, die fleißig hinter den Kulissen arbeiten. Es handelt sich um einen Wandel, der so tiefgreifend ist wie die Einführung der Elektrizität in Haushalten, der mit dem Versprechen des maschinellen Lernens alle Facetten menschlichen Handelns elektrisiert.

Lassen Sie uns näher auf die entscheidenden Fortschritte beim maschinellen Lernen und ihre weitreichenden Auswirkungen eingehen:

- Geoffrey Hintons Beiträge:
- Entwickelte das Konzept neuronaler Netzwerke, die die vernetzte Neuronenstruktur des menschlichen Gehirns nachahmen und es Maschinen ermöglichen, Informationen in Schichten zu verarbeiten.
- Konzentriert sich auf Deep Learning, eine Teilmenge des maschinellen Lernens, bei der neuronale Netze über mehrere Schichten verfügen, die die Extraktion von Merkmalen höherer Ebene aus Roheingaben ermöglichen.
- Seine Arbeit legte den Grundstein für KI-Systeme, die komplexe Aufgaben wie Bild- und Spracherkennung mit menschenähnlicher Genauigkeit ausführen können.

- Quantencomputing und maschinelles Lernen:
– Quantencomputing verspricht die Nutzung von Quantenbits, die in mehreren Zuständen gleichzeitig existieren können, und bietet das Potenzial, große Datensätze effizienter zu verarbeiten als klassische Bits.
– Dies könnte zu Durchbrüchen bei Algorithmen für maschinelles Lernen führen, die Datenmustererkennung und komplexe Simulationen mit bahnbrechender Geschwindigkeit durchführen.

- Maschinelles Lernen in selbstfahrenden Autos:

- Nutzt Techniken wie Faltungs-Neuronale Netze zur Objekterkennung und -klassifizierung in Echtzeit, die für die Wahrnehmung der Umgebung von wesentlicher Bedeutung sind.
- Nutzt verstärkendes Lernen, bei dem das Steuersystem des Fahrzeugs lernt, Entscheidungen zu treffen, indem es Rückmeldungen aus der Fahrumgebung erhält.
– Solche Fortschritte ermöglichen es Autos, sich an eine Reihe von Fahrbedingungen anzupassen und Straßenszenarien mit einem anpassungsfähigen, sich weiterentwickelnden Algorithmus zu verstehen.

Diese Facetten des maschinellen Lernens läuten eine transformative Ära ein, in der KI Branchen wie das Gesundheitswesen durch verbesserte Diagnosen verbessern, autonome Fahrzeuge schaffen kann, die den Transport neu definieren, und alltägliche Annehmlichkeiten fördern kann, die einst im Bereich der Science-Fiction lagen. Es zeichnet eine Zukunft, in der KI ebenso alltäglich und integraler Bestandteil der Gesellschaft ist wie das Internet, und verdeutlicht die tiefgreifende Fähigkeit des maschinellen Lernens, unsere Lebensweise zu revolutionieren.

Da wir am Abgrund einer Zukunft voller maschinellem Lernen stehen, ist es klar, dass diese Technologie ein leuchtender Leuchtturm für transformative Veränderungen ist. Ähnlich wie die frühen Erfinder, die Elektrizität nutzbar machten oder die ersten Computer auf den Markt brachten, führen uns die heutigen KI-Pioniere in eine KI-zentrierte Welt voller Möglichkeiten. Es ist eine Welt, in der Effizienz, Personalisierung und datengesteuerte Entscheidungsfindung zur Norm werden und jeden Aspekt unseres täglichen Lebens von der Medizin bis zum Transport verbessern.

Doch wie bei jedem großen Werkzeug der Veränderung liegt der Schlüssel zur Entfaltung seines vollen Potenzials in der Art und Weise, wie wir es einsetzen. Es muss eine umsichtige Hand geben, die die Integration der KI in die Gesellschaft leitet und sicherstellt, dass ethische Bedenken, Transparenz und Fairness in den Code unserer aufstrebenden digitalen Begleiter integriert werden. Eine verantwortungsvolle Verwaltung wird die Fortschritte des maschinellen Lernens verankern und es uns ermöglichen, seine Leistungsfähigkeit zu nutzen, ohne die menschlichen Elemente aus den Augen zu verlieren, denen es dienen soll.

In dieser Umarmung der Technologie finden wir eine Zukunft vor, die unsere Ambitionen widerspiegelt und die Fähigkeiten der KI nutzt, um unsere eigenen und das Versprechen einer intelligenteren, freundlicheren und vernetzteren Welt zu verstärken. Lassen Sie uns mit Begeisterung für das Potenzial des maschinellen Lernens und dem unerschütterlichen Engagement fortfahren, sein Wachstum mit Weisheit und Weitsicht zu steuern.

ABSCHLUSS

Am Ende von „KI-Grundlagen des maschinellen Lernens" kehren wir einen Schritt zurück, um die weitläufige Landschaft zu würdigen, die wir durchquert haben. Diese Reise hat die komplizierten Grundlagen des maschinellen Lernens beleuchtet und gezeigt, wie dieser beeindruckende Zweig der KI das Gefüge unserer Realität neu gestaltet. Wir haben Algorithmen entpackt, die Schichten neuronaler Netze aufgedeckt und die Komplexität hinter Modellen des maschinellen Lernens entschlüsselt. Auf diese Weise haben wir abstrakte Konzepte in greifbare Erkenntnisse verwandelt und so die Lücke zwischen esoterischer Theorie und praktischer Anwendung geschlossen.

Die Schlüsselthemen Anpassungsfähigkeit, Bedeutung der Datenqualität und ethische Implikationen von KI waren in dieser Untersuchung immer wiederkehrende Motive. Wir haben gesehen, dass maschinelles Lernen nicht nur Aufgaben automatisieren, sondern auch die Entscheidungsfindung verbessern kann, indem es Präzision und Personalisierung in verschiedenen Bereichen bringt, von der Gesundheitsdiagnostik bis zur Kuratierung digitaler Erlebnisse.

Dieses Buch zielte darauf ab, die KI zu entmystifizieren, das Verständnis zu steigern und es jedem von uns zu ermöglichen, die Zügel dieser transformativen Technologie zu begreifen. Die Implikationen sind klar: Maschinelles Lernen ist keine ferne Science-Fiction, sondern ein sich weiterentwickelndes Werkzeug, das unsere Arbeit, unser Lernen und unsere Freizeit durchdringt. Es lädt uns dazu ein, stets neugierig und vorsichtig hinsichtlich seiner Entwicklung und Integration in die Gesellschaft zu bleiben.

Bedenken Sie beim Umblättern der letzten Seite die tiefgreifenden Möglichkeiten und Verantwortlichkeiten, die mit der Weiterentwicklung des maschinellen Lernens einhergehen. Denken Sie darüber nach, wie Sie mit der KI umgehen werden, während sie sich weiter entfaltet, durchdringt und letztendlich die Grenzen der menschlichen Möglichkeiten neu definiert. Die Zukunft der KI muss nicht nur beobachtet, sondern auch durch unsere kollektiven Entscheidungen, Stimmen und Visionen aktiv gestaltet werden. Lassen Sie dieses Buch ein Kompass sein, der Sie in eine Zukunft führt, in der KI und menschliches Potenzial verschmelzen und eine Welt erschaffen, die durch die Intelligenz, die wir heraufbeschwören, und die Weisheit, die wir besitzen, bereichert wird.

ÜBER DEN AUTOR

Jon Adams ist ein Prompt Engineer für Green Mountain
Computing, der sich darauf spezialisiert hat, Unternehmen
dabei zu helfen, ihre eigenen Prozesse effizienter zu gestalten
und sie proaktiv zu automatisieren.

Jon@GreenMountainComputing.com

www.ingramcontent.com/pod-product-compliance
Lightning Source LLC
LaVergne TN
LVHW051243050326
832903LV00028B/2555